Marietta Brüsselbach

HORIZONTSPRÜNGE

Marietta Brüsselbach

HORIZONTSPRÜNGE

Verlag
B. Kühlen Verlag, Mönchengladbach

ISBN 978-3-87448-594-4

Grafische Gestaltung, Satz und Druck
Rombach Druck und Verlagshaus, Freiburg

Inhaltsverzeichnis

Diese Erzählung ist erfunden.
Ähnlichkeiten mit lebenden Personen wären Zufall und sind nicht beabsichtigt.

Die Kapitel 1 bis 20 wurden im Jahr 1990 geschrieben, das Kapitel 21 im Jahr 2024.

Kapitel 1 – Der 40. Geburtstag

Als Chantal Weiher an diesem 27. Juni 1990 nach einer unruhigen Nacht erwachte, wurde ihr wieder bewußt, daß heute ihr vierzigster Geburtstag war. Widersprüchliche Gefühle brandeten durch ihr Inneres. Sie sah sich auf dem Höhepunkt des Lebens, wie auf einem Berg stehen, Bilder der Vergangenheit, des „Aufstiegs" also, zogen wie wahllos durch ihr Gemüt. Menschen, die Empfindungen von gelungener oder schmerzhafter Erfahrung in ihr erweckten, traten vor ihr geistiges Auge und versanken wieder. Unbegründet dachte sie, daß nun die Hälfte des Lebens vorüber sei und die zweite, die letzte, begänne. Sie sah sich im Schnittpunkt eines fiktiven, 80 Jahre währenden Lebens, und es schien ihr, als seien die schon vergangenen Jahrzehnte ein wirbelndes, schäumendes Durcheinander, in dem sich Bewußtes und Unbewußtes nur mühsam unterscheiden ließen. Wenn es mir gelingt, besser zu verstehen, wie die Triebfedern meines bisherigen Lebens wirkten, so kann ich die Zukunft freier gestalten, dachte sie. Da sah sie in die fragenden Augen ihres Mannes Manuel, der sie nachdenklich betrachtete. Er nahm sie in die Arme und gratulierte ihr zum Geburtstag. Sie gingen in die Küche und bereiteten gemeinsam das Frühstück zu. Es war ein Werktag, und sie mußten beide zur Arbeit, Chantal zur Stadtbibliothek, wo sie teilzeitbeschäftigte Bibliothekarin war, und Manuel zur Bank. „Heute Nacht habe ich getträumt, daß ich nach einer Quelle suchte, und dann, daß ich an einem noch unfertigen Haus baute“, sagte Chantal zu Manuel; „ich glaube, dieser Geburtstag ist anders als die früheren.“

Gerade traten der 17jährige Leo und die 16 Jahre alte Genia zur Tür herein, küßten die Mutter und sangen ihr etwas verlegen ein Geburtstagslied. Der junge Mann schenkte ihr einen Gedichtband von Rilke und die Tochter eine Kerze, die sie mit Symbolen aus Wachs geschmückt hatte. Gerührt blickte Chantal die jugendlichen Kinder an und dachte: Sie werden immer hübscher und sind bereits dabei, die ersten Schritte auf ihren eigenen Wegen zu versuchen. Nur noch einige Jahre, und sie werden uns verlassen. Die kindlichen Spiele, die sie verbunden hatten, werden Vergangenheit sein, und sie werden fortgehen in eine noch unbekannte Zukunft.

„Am liebsten würde ich mit euch allen für eine Woche nach Malta fliegen zum Andenken an meinen Geburtstag“, schlug Chantal vor. „Zieht es dich wieder ans Meer?“, fragte Genia.

Überrascht sah Chantal sie an. „Ja, das Meer hat seit Kindertagen einen Zauber auf mich ausgeübt“, antwortete sie versonnen.

Leo stand als erster auf, um in die Schule zu gehen. Und auch die anderen verließen das Haus.

Als Chantal ins Freie trat, wehte ihr ein feuchter, kühler Wind ins Gesicht. Dunkle Wolken zogen am regenverhangenen Himmel nach Osten. Die Rosen in den Gärten schienen ihr Geheimnis zu verschleiern. Wozu lebe ich eigentlich? Wo liegt meine Besonderheit? Meine Einmaligkeit? Wer bin ich eigentlich? Viele sind verheiratet, üben einen Beruf aus, haben Kinder gezeugt und erziehen sie so bewußt und zartfühlend, wie sie es vermögen. Was bleibt wirklich von mir, wenn ich nach den paar Jahrzehnten nicht mehr da bin? Sind wir nichts anderes als ein Teil der Natur, trotz allen Nachdenkens dem Werden und Vergehen ausgeliefert? Oder rührt unsere Seele bereits an den Bereich des Göttlichen? Weisen darauf nicht die Unermüdlichkeit unsere Geistes, unseres Denkens und Fühlens hin? War der Traum der vergangenen Nacht nicht eine Botschaft einer anderen Wirklichkeit als der sichtbaren? Chantal hatte sich selbst in einem geschlossenen Fahrzeug, einem Bus, gesehen. Draußen, neben ihrem Fenster, war ein Kind zu sehen. Trotz der Kälte war ihm die Mütze vom Kopf gerutscht. Fröhlich und munter sah es zu Chantal hin, die in dem abgeschlossenen, warmen Bus saß. Etwas später fand sie das Baby wieder in einem großen, weiträumigen Gebäude. Genia trug es im Arm und gab es ihr. An dieser Stelle des Traumes war Chantal aufgewacht und hatte sich sofort darüber Gedanken gemacht. War ihr bisher zu sehr an Geborgenheit gelegen gewesen? Rief ihr wahres Wesen sie nach draußen in die Kälte und Weite, um an einem neuen Haus, einer komplizierterenIdentität zu bauen? Kam Genia ihr dabei zu Hilfe? So jedenfalls schien die Botschaft des Traumes in der Nacht zu ihrem vierzigsten Geburtstag zu lauten.

Während sie solchen Überlegungen nachging, gelangte Chantal zur Bibliothek. Sie schloß die Türen auf, und der staubige, starke, so vertraute und anregende Geruch der Bücher umfing sie. Hier fand sie eine unerschöpfliche Welt des Geistes und der Gefühle. Weit mehr noch als die Geschichten selber, die die Autoren erzählten, suchte sie die unverwechselbare Seele der Schriftsteller zu ergründen, wenn sie las. Vielleicht konnte man durch keine andere Lebensäußerung einen Menschen besser erfahren als durch ein schriftliches Zeugnis von ihm. Schon nach der Lektüre weniger Seiten spürte sie eine intuitive ganzheitliche Erfahrung mit dem Schreiber. Und so war es auch möglich, einem Menschen sehr nahe zu kommen, der schon lange tot war. Während sie ihren Schreibtisch ordnete und die altmodische handgeschriebene Kartei der Leser öffnete, dachte sie an Kafka, der kaum älter geworden war als sie nun war. Seine fast gespenstisch undurchsichtigen, so vielschichtigen und vieldeutigen Geschichten schienen ihr in all ihrer Fremdheit doch sehr nahe. Es war so, als ob sich das dunkle Drama in der Seele seiner Gestalten zumindest zeitweilig in ihr selber abspielte, ja als sei sie selbst der Mann vor dem Gesetz, der hineinwill und doch nicht geht. Aber würde sie nicht trotz allem hineingehen, koste es, was es wolle, auf Gedeih und Verderb? Oder war sie nicht die schwindsüchtige Zirkustänzerin, von der niemand wußte, welche Leiden ihre Seele zerrissen? Oder irrte sie nicht bisweilen durch das Leben wie K. im „Prozeß“, der sich mit all seinen Gedanken doch nicht aus dem Knäuel des Verhängnisses zu befreien vermag? Chantal arbeitete an diesem Tag allein in der Bibliothek, denn ihre Kollegin litt schon seit einigen Wochen an einer schweren Krankheit, die sie sogar dazu veranlaßt hatte, darüber nachzudenken, ob sie ihren Beruf aufgeben müsse.

Der erste Leser erschien, ein älterer Mann. Ein wenig scheu und in sich versunken begrüßte er Chantal und brachte ihr drei Bücher zurück. Er war nicht gesprächig, sondern ging, wie es seine Art war, schweigend zwischen die Regale und versenkte sich in manches Buch, bevor er seine Wahl traf. Wenn er dann zu Chantal kam, um die Bücher registrieren zu lassen, so kam es vor, daß er eine freundliche Bemerkung fallen ließ. Heute sagte er nur: „Ich wünsche Ihnen noch einen schönen Tag, Frau Weiher." – „Danke, gleichfalls, und alles Gute, Herr Ott", antwortete Chantal.

Kurz darauf kam Frau Mick mühselig und gebeugt herein. Einsam und mit dunklen Erinnerungen beladen bewegte sie sich durch ihr Greisenalter. In ihrer Ehe hatte sie es nicht leicht gehabt, da ihr Mann von unerbittlicher Strenge gewesen war und sie fünf Kinder zur Welt gebracht hatte. Seit zehn Jaren lebte sie nun als Witwe im Altersheim. Nie wollte sie sich ihre körperlichen oder seelischen Leiden anmerken lassen. Ihre häuslichen Arbeiten verrichtete sie ohne fremde Hilfe. Immer noch kam sie auf ihre vermeintlich unbeschwerte Kindheit zu sprechen, auf ihr gutes Einvernehmen mit ihrem Vater. Nur an ihren zahlreichen bitteren und oft ungewollt und unabsichtlich mißbilligenden Bemerkungen über die Menschen in ihrem Umkreis konnte Chantal ablesen, wie sehr sie wohl selbst unter Mißachtung zu leiden gehabt hatte in ihrem langen Leben. Chantal gehörte zu den wenigen Menschen, die sie manchmal in ihre einsamen Gedankengänge hineinzog. Sie entlieh ihre Bücher immer zu einer frühen Tageszeit, wohl in der Hoffnung, die Bibliothek dann noch leer vorzufinden und ein paar Minuten mit Chantal sprechen zu können.

Nach der kurzen Begrüßung legte sie das Buch eines modernen religiösen Schriftstellers auf den Tisch und sagte: „Dieser Autor hat mich nicht sehr angesprochen, was halten Sie denn von ihm?" – „Ich habe ein anderes Buch von ihm gelesen, was mir manches zu denken gegeben hat", erwiderte Chantal. „So, finden Sie?" – "Ich frage mich, warum die Leute nicht mehr die Bibel lesen, da steht doch alles drin," fuhr sie fort. „Vielleicht haben sie nicht mehr den Eindruck, daß dort von ihnen und ihren Fragen die Rede ist", sagte Chantal. Etwas unvermittelt sagte die Frau dann: „Bei mir im Altersheim liest fast niemand, wenn ich jemandem begegne, so reden sie fast immer von Krankheiten." – „Ja, das beschäftigt sie wohl jeden Tag, sie machen sich Sorgen um ihre Gesundheit, und es erleichtert sie wohl, wenn sie sich jemandem mitteilen können." – „Wissen Sie, früher waren die Leute nicht so wehleidig. Als ich ein Kind war, ging meine Mutter oft im Winter mit uns Kindern nach Einbruch der Dunkelheit noch eine Stunde durch die Stadt, damit wir zu Hause Strom sparten." Das war für Chantal eine Erfahrung, die sie selbst nie gemacht hatte, etwas, das Menschen lange vor ihrer Geburt bewegt hatte und woran sich diese alte Frau vor ihr noch 70 Jahre später erinnerte. Sie sah ihr nachdenklich und bewegt in die Augen und las darin eine verzweifelt aufrechterhaltene Tapferkeit, mit der sie ihre Kindheit zu verklären trachtete. Wie beruhigt nahm sie Chantals Blick auf. „Nun, so machen wir mal weiter. Ich sehe mich noch nach einem Buch um", sagte sie noch und wandte sich mit ihren schweren Schritten und mit Hilfe ihres Stockes in den angrenzenden Raum zu den Regalen.

Je weiter der Vormittag fortschritt, um so voller und turbulenter wurde es. Schließlich hörte Chantal fast überrascht wie der Glockenschlag der nahen Kirche die Mittagsstunde anzeigte. Da an diesem Nachmittag die Bibliothek geschlossen blieb, ordnete sie ihren Tisch, stellte die restlichen zurückgebrachten Bücher an ihre Plätze, schloß die Kartei und dann die Eingangstür und trat auf die belebte Straße hinaus.

Der Himmel hatte sich aufgehellt. Ein warmer Sommerwind trieb die letzten Wolkenfetzen davon. Dankbar fühlte sie sich von der Sonnenwärme überflutet. Ruhig und fast schwerelos ging sie über die Hauptstraße ihres Wohnortes, einer mittelgroßen norddeutschen Stadt und fragte sich, was sich verändern würde in ihrem Leben, wenn sie von heute an mit der Hypothese lebte, noch genau vierzig weitere Jahre Leben vor sich zu haben. Es erschien ihr wie ein abenteuerlicher Versuch, eine Intensivierung des Denkens und Fühlens. Aber wer sagte ihr, daß sie auch nur noch eine einzige Woche lebte? Alles war offen und unbestimmt. Gab es irgend etwas Sicheres? Nur, daß sie an irgendeinem Tag in den nächsten sechzig Jahren sterben würde, das war alles. War das nun eine einfache, geradezu banale Einsicht, gewonnen aus der ausnahmslosen Erfahrung aller Lebewesen in Millionen Jahren? Oder gelangte sie so zu einer reflektierteren Lebensweise?

Sie sah den Entgegenkommenden ins Gesicht und versuchte zum ersten Mal, ein wenig den Panzer ihrer Öffentlichkeitsmasken zu durchdringen. Die meisten trugen eine ruhige Ausgeglichenheit zur Schau, aber bei einigen schienen so viele Risse das Gesicht und die ganze Gestalt durchzogen zu haben, daß sie aus der Art, wie sie dort an ihr vorbeigingen, etwas aus ihrem Schicksal zu lesen meinte. Welche Bilder zogen durch ihre Vorstellung hin während sie an diesem Sommertag durch die Stadt gingen? Das blieb in ihnen verborgen. Würden sie es jemals jemandem enthüllen? Und was war es, was es ins Wort, ins Bewußtsein heben konnte? Gab es für jeden von ihnen einen Vertrauten, vor dem sie wie selbstverständlich die Maske ablegten? Wie mußte man sein, damit in der Seele eines andern die verschüttete Quelle zu sprudeln begann?

Unter solchen Gedanken betrat sie einen Laden, kaufte ein paar Lebensmittel, bezahlte und verließ das Geschäft wieder.

Als sie nach Hause kam, war ihre Familie, wie gewöhnlich an diesem Wochentag, noch abwesend. Manuel wurde erst am Abend erwartet und Genia am Nachmittag, nachdem die Orchesterprobe beendet war. Nur Leo klingelte schon bald nach Chantals Ankunft und begrüßte die Mutter, die in der Küche das Mittagessen zubereitete. Wie schön und jung fand sie ihn. Seine dichten dunklen Haare und braunen Augen. In den letzten Monaten hatte er begonnen, sich seines Charmes bewußt zu werden. Er versuchte, der Wirkung seines Lächelns und seiner Blicke auf die Spur zu kommen. Während sie aßen, erzählte er ein paar Episoden seines Schulvormittags, aber sie fühlte auch dunkel, daß er langsam und unbewußt die Entfernung zwischen sich und ihr wachsen ließ. Stelle ihm nur keine Fragen, dachte sie voll Wehmut, du darfst ihn nicht festhalten. Er wird nun ein Mann. So wie sie lebte er seit jeher mit Büchern, sie sprachen zu ihm wie zu ihr, und sie tauschten sich aus über das, was ihnen zu denken gab. Sie glichen sich in ihrem Wesen so sehr, daß sie sich fast immer sofort verstanden, dort, wo sie anderen vieles erst mühselig erklären und erläutern mußten. Es würde nicht leicht werden, sich zu trennen, für beide nicht.

Leo war auch derjenige in der Familie, der mit persönlichem Interesse die Artikel las, die Chantal gelegentlich für eine Tageszeitung schrieb, denn neben ihrer Teilzeitarbeit als Bibliothekarin verfasste sie als freie Mitarbeiterin Interviews und Aufsätze für diese Zeitung. Ihr Anliegen konkretisierte sich insbesondere darin, ganz „normale“ Menschen aus der Stadt in ihrer persönlichen Lebensweise vorzustellen, etwas von dem zu erhellen, was diese Leute als für sich wichtig erkannt hatten. „Meinen Geburtstag feiern wir ja erst am Wochenende“, sagte sie nun zu Leo. „Hast du heute etwas vor?“ – „Achim kommt um 5 Uhr zu mir, und wir lernen noch für die nächste Französisch-Arbeit“, antwortete Leo. „Gut, dann sehen wir uns heute Abend wieder, ich fahre den Nachmittag über ans Meer.“ – „Schade, daß ich heute nicht mitkann, aber vielleicht das nächste Mal“, sagte Leo noch im Hinausgehen.

Chantal setzte sich ans Steuer und fuhr die vierzig Kilometer zur Küste. Durch die Bäume zu beiden Seiten der wenig befahrenen Nebenstraße fegte der Seewind. Sie parkte ihr Auto hinter dem Deich und lief zum Strand hinunter. Dort zog sie die Schuhe aus, packte sie in den Rucksack und ging mit bloßen Füßen auf das Wasser zu. Weit und feucht dehnte sich der Strand. Die Ebbe hatte gerade ihren tiefsten Stand überschritten, und die Flut begann zu steigen. Ohne an die Zeit zu denken, wanderte sie über den Strand hin, fühlte sich stark in dem salzigen heftigen Wind, spürte das Leben unverbraucht und voller Verheißung in sich. Als die Flut schon einen Teil des Strandes überspülte, zog sie sich aus, legte ihre Kleider auf den Sand und rannte in wilder Freude ins Wasser. Sie stemmte sich gegen die schäumende Brandung, beseligt von der Wildheit und Unbezähmbarkeit der See. Sie schwamm auf die Wellen zu und ließ sich hinauftragen von ihnen und wieder hinunterfallen ins Tal. Sie war eins mit dem ewigen unergründlichen unendlichen, alles umflutenden Meer. Gefahr und Beseligung, Angst und Jubel, Bedrohung und Geborgenheit, Tod und Leben, die Extreme der Seele tobten in diesem unabsehbaren Wasser. Weit über den Horizont führte es, immer im Wandel und niemals in Ruhe. In all das tauchte sie ein.

Kapitel 2 – Die Anzeige

Als Chantal am späten Nachmittag in ihrer Wohnung ankam, fand sie eine Vase mit gelben und weißen Fresien auf dem Tisch. Aus Genias Zimmer flossen die dunklen warmen Klänge der Cellomusik ihr entgegen. Am liebsten übte Genia, wenn sie sich allein zu Hause befand. Leise betrat Chantal das Zimmer ihrer Tochter, setzte sich auf den Teppich und hörte ihr zu. Sie übte gerade ihren Part aus dem 5. Klavierkonzert von Beethoven. Sie ließ den Bogen sinken, tauchte aus ihrer Versunkenheit auf und sagte: „Hallo, Mutter!" „Du spielst immer einfühlsamer", sagte Chantal lächelnd, „habt ihr das heute im Orchester geprobt?" „Ja, wir spielen es in unserem Konzert am Schuljahresende. Einige Stellen fallen mir noch ziemlich schwer." „Dieses Stück gehört zu den wunderbarsten Kompositionen, die ich kenne. Dieser zarte, zärtliche Beginn des zweiten Satzes, das verschlägt mir fast den Atem. Beethoven bringt meine Seeele mit seiner Seele zum Klingen. Dazu möchte ich einmal einen liturgischen Tanz erfinden und mit einer Gruppe in einem Gottesdienst vortanzen. Ich denke, jeder müßte verstehen können, wie die Seele mit dieser Musik auf ihren Horizont zueilt und etwas von jenseits der Grenzen zu ahnen beginnt". Genia sah Chantal interessiert an: „Ich wußte gar nicht, daß das dein Lieblingsstück ist. Ich selbst könnte von mir aus schwer sagen, welches Konzert mir besonders am Herzen liegt. Für mich ist es vor allem ein Erlebnis, mit den andern einen großen Zusammenklang zu bilden und an der Entwicklung der Fähigkeiten der Mitspieler teilzunehmen.

Auf jeden kommt es an, jeder ist auch ein Individuum, er kann gar nicht in der Gruppe untergehen, denn ohne das persönliche gelungene Spiel des Einzelnen gelingt das Ganze nicht." „Ja", sagte Chantal, „ich freue mich sehr, daß du das Instrument lernen wolltest. Aber ich glaube, ich muß mal ans Abendessen denken. Hast du die Blumen gekauft?" „Ja." „Du bist lieb, danke."

Chantal ging in die Küche und brachte das Abendbrot ins Eßzimmer. Bald kam auch Leo und zuletzt Manuel, der ihr einen Strauß aus roten Rosen, weißen Margariten und Kornblumen mitbrachte. „O, danke, ich freue mich so, ihr seid so lieb; gut, daß wir wenigstens heute Abend zusammen essen können." Manuel fühlte sich nach dem langen Arbeitstag abgespannt. Er zog seine eleganten Kleider, die er in der Bank tragen mußte, aus und erschien im Polohemd. „Heute war ein Riesenbetrieb, die Reisezeit beginnt. Die Leute wollen Devisen und andere Reisezahlungsmittel", sagte er nebenbei. „Apropos Reisen", sagte Leo, „vorhin habe ich in der Zeitung gelesen, daß die USA ein neues Weltraumprojekt planen, bei dem sich zwei Journalisten, Schriftsteller oder sonstige Schreibbegeisterte bewerben dürfen, um einen psychologisch orientierten Bericht über die Gefühle und Empfindungen, d. h. das ganze emotionale Erleben eines solchen Unternehmens darzustellen. Wäre das nicht etwas für dich, Mutter?“ Mit übermütig ironischer Miene fuhr er fort: „Du liest doch genug psychologische Bücher und läßt keine Chance ungenutzt, ein besonderes Seelengemälde anzufertigen!“ „In welcher Zeitung stand denn das?“, fragte Chantal amüsiert. „In der Super-Zeitung, für die du manchmal Artikel schreibst“, antwortete er. „Klar, sie werden bestimmt eine deutsche Mutter mitnehmen wollen“, lachte Chantal. Etwas ernster erklärte Leo nun: „Ja, sie nehmen wirklich Bewerbungen aus Deutschland an, weil die Regierung einen erheblichen Anteil der Finanzierung dieses Weltraumprojektes übernommen hat. Über das Seelenleben der Astronauten gibt es noch kaum Untersuchungen.“ „Dich scheint das ja stark zu beschäftigen, Leo“, wandte sich Chantal an ihren Sohn,“wenn du volljährig wärest, würdest du dich vielleicht morgen bewerben?“ „Natürlich“, behauptete Leo lachend, „zwei Wochen im Weltall, warum bin ich nur noch nicht 18?“ Alle drei sahen Leo erheitert an und dachten, er erzähle wie üblich eine seiner phantasievollen Geschichten, um die Reaktion der Familie zu prüfen. Er präsentierte den andern insbesondere bei den Mahlzeiten gern derartige Späße. Diese Geschichte wirkte auf alle so unglaubwürdig, daß sie sie fallenließen, ohne sich zu vergewissern, ob er das tatsächlich gelesen hatte. Chantal erzählte noch von ihrem Nachmittagsausflug ans Meer. Danach war es schon Zeit, die Nachrichten im Fernsehen einzuschalten, die sie oft gemeinsam ansahen. Während

Chantal anschließend die Küche aufräumte, erinnerte sie sich an Leos Tischgeschichte. Ohne zu wissen warum, malte sie sich aus, wie sie in einer Weltraumkapsel um die Erde herumkreiste, den „blauen Planeten", der so gequält und geschunden war, daß er vor Schmerz, Tränen und Waffen nahezu zerbarst. Ja, was empfand ein Mensch, der in solcher Entfernung um das „Lebenshaus" aller Sterblichen raste? Wie kam es, daß sie gerade heute, an diesem Geburtstag damit konfrontiert wurde? Sie trocknete das Geschirr ab, stellte es in den Schrank und suchte Leo. Sie fand ihn im Badezimmer beim Zähneputzen. „Zeig mir doch mal den Artikel über die Weltraumfahrt", bat sie. „Ja, gleich, es ist nur eine kurze Anzeige." Sie gingen ins Wohnzimmer, er durchblätterte die Zeitung, fand die Stelle und zeigte sie ihr. Chantal las sie und eine diffuse unbestimmbare Empfindung befiel sie. Bis zum 30. Juli lief die Anmeldefrist. Leo warf einen forschenden Blick auf seine Mutter, zog es dann aber plötzlich vor, wortlos hinauszugehen.

Chantal nahm die Zeitung mit in ihr Arbeitszimmer, wo sie sich seltsam beunruhigt in ihren Lesesessel setzte. Sie hatte doch nicht die geringste Chance, ausgewählt zu werden, dachte sie.

Man wird vermutlich strengen gesundheitlichen Untersuchungen unterzogen werden. Unverständlicherweise stand in der Anzeige kein Höchstalter, aber es konnte kein Zweifel daran bestehen, daß sie dafür zu alt war. Abgesehen davon eignete sich diese Aufgabe wohl in erster Linie für alleinstehende Bewerber. Die selbstverständlichen Gefahren eines solchen Unternehmens mußten eine Mutter halbwüchsiger Kinder abschrecken. Chantal ließ die Zeitung auf den Boden fallen und träumte vor sich hin. Sie sah sich in schwerelosem Zustand in einem Raumschiff durchs Weltall fliegen. In absonderlichen Körperhaltungen, ähnlich wie ein Schwimmer im Wasser notierte sie auf einem Block, was sie selbst und die andern, mit denen sie in diesem winzigen Überlebensraum gefangen war, empfanden. Waren sie freier als die 5 Milliarden Menschen dort „unten" oder gar noch eingesperrter? Wäre das nicht eine mit nichts zu vergleichende Erfahrung, die das weitere Leben und alle Begegnungen verändern würde?

Mitten in ihren Träumereien stand plötzlich Manuel neben ihr. „Wollen wir noch eine halbe Stunde durch die Felder gehen", fragte er, „es ist wieder warm geworden, ganz anders als heute morgen."

In einer Sekunde flog Chantal Tausende von Kilometern aus dem Weltraum in ihr Zimmer voller Bücher und sah ihren Mann an. „Ja, gern, ich komme mit." „Noch ein paar Tage und wir haben die Währungsunion mit dem Osten", sagte Manuel. „Ja, endlich wachsen wir zusammen", sagte Chantal, "wie lange haben wir darauf gewartet, unser ganzes bisheriges Leben! Wie viele Briefe habe ich mit meiner DDR-Brieffreundin Karla gewechselt und immer lag im Untergrund aller Gedanken der Schmerz der Trennung und vor allem der Unterdrückung, des Mangels an Freiheit. Immer haben wir gehofft, daß sie einmal doch ihre Selbstbestimmung erlangen würden. Es ist wie eine Erlösung aus dem Gefängnis. 1990, ein Jahr, in dem nach 40 Jahren etwas Neues beginnt. In der Bibel ist die Zahl 40 auch die magische Chiffre für Verheißung und Erfüllung, für einen neuen Anfang, für ein neues Leben.“ Manuel dachte sachlicher. Er arbeitete fleißig und zuverlässig in seinem Beruf, nahm sich häufig noch umfangreiches Material nach Hause mit und vertiefte sich in seinem Zimmer in seine Tätigkeit. Immerhin ließ er sich stören, wenn einer von der Familie zu ihm hereinkam. Aber manchmal dauerte es lange, bis er aus seinen Blättern auftauchte. Ganz im Gegensatz zu Chantal blieb ihm die Poesie und Belletristik ein weithin unbekanntes Land. Umgekehrt lernte Chantal auch in all den Jahren fast nichts von Bankangelegenheiten. Beide hatten sie versucht, ihre eigenen Interessen und Fähigkeiten auszubilden und erwarteten nicht, daß der andere an allem teilnahm. Sie wußten doch, daß es Brücken gab, über die sie zueinander finden konnten. An diesem Abend war es auch die Dankbarkeit für die gemeinsamen Jahre der Ehe, die ein ruhiges Vertrauen hatte wachsen lassen.

Einen Anteil von Kindlichkeit hatten sie in ihrem Wesen bewahrt. So nahmen sie das geheimnisvolle und bezaubernde Abendlied der Vögel in sich auf während sie die Felder und Weiden durchquerten. In ihren großen warmen Körpern ruhend lagen die Kühe im Gras und kauten ihre Nahrung. Hoch über ihnen flogen die Schwalben. Sie folgten dem, was in ihr Herz geschrieben war, unbeirrbar.

Kapitel 3 – Columbus

Einige Tage waren vergangen.

An diesem heißen, von Blumenduft schweren Sommertag zog es nur wenige in die Bibliothek. Chantals Dienst beschränkte sich heute auf drei Nachmittagsstunden. Sie begann damit, den Wagen mit den zurückgebrachten Büchern in Augenschein zu nehmen und die einzelnen Bände in die Regale einzustellen.

Nicht selten notierte sie sich dabei Autor und Titel eines Buches, das sie sich abends mit nach Hause nahm und las. Heute fiel ihr auf diese Weise eine Biographie des Genueser Seefahrers und Entdeckers von Amerika, Christoph Columbus, in die Hände. Sie schlug das Buch auf, las das Inhaltsverzeichnis und fühlte sich sofort auf mehr als nur geistige Weise in das Leben dieses außergewöhnlichen Menschen hineingerissen. Welche Sehnsucht hatte ihn getrieben, auf Gedeih und Verderb, auf Ruhm oder Untergang, auf Ehre oder Tod sich so ins völlig Ungewisse hinauszuwagen? Mit einem kleinen Segelschiff aufs Meer hinaus! Er gab sich nicht zufrieden mit dem, was er sah, was jahrtausendelang als wahr und unumstößlich gegolten hatte. Etwas besaß er, das die wichtigste Saite in Chantals Seele zum Klingen brachte: Ein unbändiges, unwiderstehliches Verlangen, über den Horizont des Bestehenden hinauszustürmen, dem Ruf des eigenen Wesens zu folgen, komme, was wolle. Mit eigentümlicher Verwunderung fiel

Chantal auf, daß er genau 40 Jahre zählte, als er aufbrach, um den unbekannten Weg nach Indien zu finden. War ein Mensch nicht damals im allgemeinen Bewußtsein schon älter als ein heutiger Zeitgenosse mit 40 Jahren? Wie dem auch sei, mit 40 Jahren zog es ihn ins Unbekannte.

Chantal stellte das Buch ins Regal, arbeitete weiter und überließ sich ihren Gedanken. Es war noch immer kein Leser erschienen. Unwillkürlich kam ihr wieder die Zeitungsannonce von der Weltraumfahrt in den Sinn. Wie konnte sie das nur so beschäftigen und anziehen? Es war doch einfach aussichtslos, daß man unter der wahrscheinlich sehr zahlreichen Bewerberschar gerade sie auswählen würde. Sie versuchte, die Sache vor sich selbst zu ironisieren. „Ich habe Wünsche wie ein kleiner Junge, der davon träumt, Lokomotivführer oder Pilot zu werden", dachte sie, über sich selbst belustigt. „Weshalb interessieren mich die Gefühle eines Astronauten? Oder ist es auch hier die Sehnsucht nach der äußersten Erfahrung, die mich zieht? Möchte ich einmal an einer Stelle etwas erleben, was schlechterdings nicht mehr überboten werden kann? Eine Reise ins Weltall, ins Ufer- und Ausweglose?

Möchte ich mit einer Gruppe von Menschen eine Zeit gestalten und bestehen mit der ständigen Gefahr des Untergangs vor Augen? Ist es der schwerelose Schwebezustand, der mich reizt? Oder das Erlebnis einer grenzüberschreitenden Erfahrung, die uns erdhaften Geschöpfen eigentlich unzugänglich ist? Aber war das Fliegen nicht immer schon der Traum der Menschen? Seit Urzeittagen, in Mythen beschworen, die erzählen von Seligkeit und Untergang, lange bevor der Geist des Menschen es ermöglichte, daß auch der Leib sich erheben konnte von der Schwere der Erde ... Ich werde mich bewerben. Ich will es erleben und beschreiben, was ich fühlen werde in einer Sphäre, die noch keiner beschrieben hat", dachte sie noch, als zwei Kinder im Grundschulalter in die Bibliothek kamen. Das jüngere von beiden, ein Mädchen mit braunen Augen und kurzgeschnittenen dunklen Locken fragte nach Asterix und Mickey Maus. Chantal zeigte ihm, wo es die entsprechenden Bücher finden konnte. Zielstrebig und selbstbewußt ging die Kleine zu den Regalen und las die Titel auf den Buchrücken. Vorsichtig und sorgsam nahm sie einige Bände heraus und schaute hinein.

Das ältere Mädchen blickte Chantal aus ungewöhnlich großen blauen Augen an, in denen eine Schalkhaftigkeit und überschäumende Lebenslust leuchteten. Sie trug ihre dunkelblonden langen Haare zu Rattenschwänzchen gebunden. Einige vorwitzige Strähnen hatte sie vergeblich durch eine Spange mit einem Glückskäfermotiv zu bändigen versucht. Gespannt und neugierig sah sie sich zuerst im Raum um, bevor sie sich an Chantal wandte: „Ich möchte Enid Blyton-Bücher lesen", sagte sie ein wenig schüchtern, aber überzeugt. „Du hast sicher schon einige gelesen?", erkundigte sich Chantal. „Ja", antwortete Lara. „Du magst wohl die Geschichten von den fünf

Freunden gern?“, fragte Chantal. „Ja“, sagte Lara verträumt, „das ist meine Welt. Meine Freundin Ines und ich, wir spielen die schönsten Abenteuer daraus, und wir denken uns noch etwas Neues aus.“ „Ihr habt ja viel Phantasie“, sagte Chantal, „komm’, ich zeig’ dir, wo die Blyton-Bücher stehen.“ Lara ging mit ihr und vertiefte sich bald für eine Weile in einen der Kinderromane.

Da es an diesem heißen Nachmittag ruhig zuging, begann Chantal einige neuerworbene Bücher mit Einbänden zu versehen und die Karteikarten anzulegen. Sie war froh, diese Tätigkeit einmal für eine Weile ohne die normalerweise üblichen häufigen Unterbrechungen fortführen zu können. Einige dieser aktuellen Neuerscheinungen stellte sie auf dem Karteischrank für die Leser aus, um Interessierte darauf aufmerksam zu machen.

Als sie etwa eine halbe Stunde vor der Schließung der Bibliothek einmal von ihrer Arbeit aufschaute, sah sie einen Unbekannten die Treppe heraufkommen. Er ging mit leichten, fast schwebenden Schritten, als benötige er den Boden unter seinen Füßen kaum.

Nicht mehr jung war er und noch nicht alt, vielleicht in der Mitte des Lebens. In seinem Gesicht, seiner Stirne waren Geist und Güte vereint. Seine Augen blickten sanft und zart und reich an Erkenntnis. Auch Trauer und Schmerz verbargen sie nicht. Er schien eins mit sich geworden nach einem weiten gedankenvollen Weg. Bei aller Gesammeltheit seines Wesens erfaßte er doch mit seinem ruhigen klugen Blick sofort, was seine Umgebung ihm darbot.

Ohne Scheu trat er zu Chantal, sah ihr wie nachdenklich in die Augen und erkundigte sich, ob er einmal die Kartei durchsehen dürfe; er suche schon seit einiger Zeit nach einem Buch, das im Handel vergriffen und auch in einigen andern Bibliotheken nicht zu finden gewesen sei. Er sprach mit tiefklingender Stimme und gewählter Sprache und wirkte so sicher, daß Chantal es vermied, ihn nach dem Titel des Buches zu fragen, das er suchte. Er hatte auch bereits selbst die Kästen mit dem Bücherverzeichnis ausgemacht, sodaß Chantal nur noch mit Blick und Hand in dieselbe Richtung wies, die er verfolgte. Seine sensiblen, feingliedrigen Hände fielen ihr auf, mit denen er die Schublade, die die Buchstaben D-H trugen, öffnete. Er blätterte nur eine kurze Zeit in den Karteikarten, zögerte noch einige Sekunden und schloß dann den Kasten wieder.

Ein wenig schüchtern und mit dem kaum merklichen Anflug eines Lächelns wandte er sich an Chantal und sagte: „Sie haben das Buch, das ich suche, auch nicht. Ich danke Ihnen. Ich wünsche Ihnen noch einen schönen Abend." Während er sprach, ruhten seine hellen schwermütigen Augen noch einmal in ihren und wurden ernst und nahmen ihren fragenden Blick in ihre Tiefe auf. Dann drehte er sich um und ging hinaus.

Chantal war es, als ob eine sehr lange Zeit vergangen wäre und als ob der Fremde ein Licht in Bereiche ihrer Seele getragen hätte, die bisher dunkel und verschlossen gewesen waren. Während sie den Raum ordnete, öffnete sie sich verwundert einer noch unbekannten Wirklichkeit. Was wußte sie eigentlich von sich? Wieviel Zeit hatte sie schon darauf verwandt, die dunklen Kammern ihrer Seele zu durchforschen? Woher kam der Fremde und wer war er? Sie wußte gar nichts von ihm, und doch hatte er allein durch seine Person bewirkt, daß ihr schien, als sei die Begegnung mit ihm wie eine Weggabelung, an der das Leben eine neue Richtung nehmen kann. Auch wenn sie ihn nicht mehr wiedersehen sollte, glaubte sie, daß er ihr die Möglichkeit vermittelt hatte, ihr Leben zu verändern.

Geradezu neugierig und gespannt auf die Gedanken und Erlebnisse ihrer Familie kam sie an diesem Abend nach Hause.

Kapitel 4 – Fragen

Wie gewöhnlich lauschte Chantal auf die Stimmen ihrer Familie, um festzustellen, wer schon da war. Aus Genias Zimmer klang die engagierte Diskussion der beiden Jugendlichen. Leise öffnete sie die Tür und fand sie auf dem Boden sitzend, ins Gespräch vertieft.

„Hallo, Kinder!" – „Hallo, Mutter!"

„Vater wird sicher gleich kommen, essen wir dann?", erkundigte sie sich beiläufig.

„Ja, wir kommen 'rüber", antwortete Leo wie aus tiefen Gedanken aufsehend.

Schweigend betrachtete ihn Chantal, seine jugendlich schlanke Gestalt, die blauen, träumerischen Augen und blonden Haare, die Hände, mit denen er seine Worte begleitete. Und ihm gegenüber die Schwester, braunäugig, mit weichen dunklen Haaren. In ihrer Zartheit wirkte sie eher noch jünger als sie war. Manchmal verglich sie die Hände Genias miteinander und überlegte, welche die Saiten des Cellos berührte und welche den Bogen führte.

Es rührte sie tief an, die beiden in ihrer Jugend, am Morgen ihres Lebens dort beieinander sitzen zu sehen und die Fragen auszutauschen, die ihre Seelen hervorbrachten. Leise ging sie hinaus und schloß die Tür. Es erschien ihr schon lange her, seitdem sie sie mit Manuel ins Leben gerufen und schwanger mit ihnen gewesen war. Auch jetzt noch hatte die geheimnisvolle Zeit vor der Geburt nichts von ihrem Zauber verloren.

Sie ging in die Küche und deckte den Tisch zum Abendbrot. Wie meistens aßen sie Brot und Käse, Milch und Quark und tranken Fruchtsaft dazu.

Gerade schloß Manuel die Wohnungstür auf, kam zu seiner Frau und begrüßte sie. „Schön, daß du da bist, dann essen wir."

Bald saßen alle am Tisch und aßen. Sie schätzten diese einfachen Speisen, und vielleicht trugen sie auch dazu bei, daß es so häufig geschah, daß sie unversehends in Gedanken versanken, die sie in langanhaltenden Gesprächen den Tischgenossen zu Gehör brachten. Woran lag es, daß die Frage nach Gott sie alle auf je eigene Weise so sehr beschäftigte? Sie waren katholisch, beteiligten sich auch am Gemeindeleben dieser norddeutschen Diasporapfarrei, deren Pfarrer die Seelsorgsaufgaben noch fünf weiterer kleinerer Gemeinden zu erfüllen hatte. Ihre Beziehung zum konkret dargebotenen Glaubensinhalt der Kirche war sehr verschieden, was in ihren Gesprächen immer wieder deutlich wurde. Manuel und Chantal hatten im Lauf der Jahre gelernt, den Glauben als einen ganz persönlichen Weg zu betrachten, einen dunklen allzumal. Die Würde des Rituals, sein Geheimnis und seine Überzeitlichkeit, sowie die Begegnung mit den Menschen zog besonders Chantal häufig zu den Sonntagsgottesdiensten. Bei Manuel spielte auch ein gewisses Pflichtbewußtsein eine Rolle und der

Umstand, daß seine Eltern ihn fraglos im Glauben erzogen hatten.

Diese Fraglosigkeit fiel jedoch mehr und mehr von ihm ab, je intensiver die Familie mit den heranwachsenden Kindern die Probleme in der gegenwärtigen Kirche zu untersuchen begann. Leo stand der Kirche schon früh am fernsten von allen. Seine Phantasie und Spontaneität ließ ihn nie heimisch werden in den erstarrten Formen, die er vorfand. Die Eltern versuchten nicht, ihm eine Richtung des Denkens vorzugeben, vielmehr empfanden sie seine unverfälschten Gedanken als anregende Bereicherung.

Genia schlug einen andern Weg ein. Sie suchte die Gruppen der Gemeinde und die Liturgie als Betätigungsfeld und fand einen persönlichen Ausdruck darin. Hierin war sie Chantal ähnlich, die von einer dunklen Ahnung erfüllt war, in der Begegnung mit sich und andern Menschen etwas von Gott zu erfahren. Trotz aller Verfestigung hatte die Liturgie doch zeitlebens für sie etwas von ihrer Hintergründigkeit und Vielschichtigkeit bewahrt. Die uralten Worte und Symbole versetzten ihre Seele in einen Schwebezustand, der sie empfänglich machte für die Spur des Göttlichen. Dennoch empfand sie mit zunehmendem Schmerz, daß sie die Aussagen des Glaubens nicht mehr als wahr empfand.

An diesem Abend war es Genia, die den ersten Gedanken in die Runde brachte, als griffe sie den verlorenen Faden des Gespräches mit dem Bruder vor dem Essen wieder auf.

„Ist es nicht ein viel zu einfaches System, das die Juden und später die Christen über Gott und Welt entworfen haben, indem sie sagten, Gott habe die Menschen im Einklang mit sich erschaffen, die Menschen seien durch Wißbegierde, Verführung und Ungehorsam schuldig geworden, hätten dann auf einen allgemeinen Erlöser gewartet, diesen in Jesus als dem menschlich-faßbaren Gott gefunden und seien nun „erlöst"? Leo vertiefte sich sogleich in die geistige Welt, die sich eröffnete: „Ich stelle mir Gott nicht als einen vor, der seine Geschöpfe dafür bestraft, daß sie gemäß ihrem Wesen nach immer weiterer Erkenntnis verlangen. Ich kann das nicht als bösen Willen betrachten." Manuel war an solche Überlegungen gewöhnt und beteiligte sich mit Interesse daran.

„In der Bibel erscheint Gott als altorientalischer Herrscher, der von seinen beauftragten „Propheten" Gehorsam verlangt, und diese müssen wiederum im Namen Gottes Gehorsam von den unmündigen Gläubigen, denen man keine Freiheit zubilligt, verlangen."

Chantal öffnete sich leidenschaftlich diesen Gedanken, die sie auch alleine oft genug erwog: „Die Menschen scheinen sich früher, insbesondere im Judentum viel mehr als wir in unserer entsetzlich übervölkerten Welt als kleine, überschaubare Gruppe gefühlt zu haben, die sich einen „Messias", der alle von ihrer Schuld befreit, offenbar wünschte. Die Vorstellung von Schuld, drohender Strafe und zu erwerbender oder geschenkter Vergebung scheint überhaupt in der

Vergangenheit eine zentrale Rolle in der Religion gespielt zu haben. Damit konnten die Priester dann die Menschen gut in Schach halten, sie zu unterwürfigem Verhalten zwingen und ihnen ihre persönlichen Fragen oder gar Antworten als Häresie vorwerfen."

„Ja", sagte Leo, „ich denke schon, daß Jesus ein besonderer Mensch war, „seiner Zeit so weit voraus an Zuwendung zu seinen Mitmenschen, an Güte und Verstehen ihrer Leiden und an persönlicher Glaubenskraft, daß es verständlich ist, daß er zum Inbegriff und zur Symbolgestalt für Generationen wurde. Aber ich verstehe heute nicht mehr, daß das Christentum lehrt, Gott habe durch seinen grausamen Tod „Sühne" für die Schuld der Menschen verlangt. Verdient die anrechenbare Schuld des durchschnittlichen Menschen wirklich eine solche Bestrafung? Wollten die geistlichen Führer der Vergangenheit nicht vielmehr die Tatsache der fanatischen und engstirnigen Ermordung des gütigen Jesus in das bekannte Schema von Schuld, Bestrafung und Sühne pressen?"

„Das sehe ich auch so", sagte Chantal, „die Menschen brauchten vielleicht damals, als alle antiken Götter starben, einen berührbaren Gott, und so wurde Jesus in einigen Jahrhunderten zum Gott erhoben."

Manuel kam noch etwas anderes in den Sinn: „Die Heilungswunder im Neuen Testament haben wohl viel zur Beglaubigung von Jesu Göttlichkeit beigetragen. Mir hat noch nie eingeleuchtet, wie das zuging. Hat er sich nicht damit genau besehen gegen das gewandt, was Gott, den er seinen Vater nannte, diesen Kranken auferlegt hatte? Wieso heilte er Krankheiten, wenn sein Vater sie doch verhängt hatte? Schließlich, welchen Sinn sollen all die unerträglich furchtbaren Leiden der Menschen und auch sogar Tiere nur haben? Mit oder ohne Christentum bleibt mir das unbegreiflich."

Hier fiel Genia wieder ein: „Das Schlimmste sind für mich geistig oder körperlich Behinderte. Was ist, wenn das ein Betroffener oder Außenstehender einfach nicht erträgt? Wenn er seines Lebens nicht mehr froh werden kann? Wir haben einen Lehrer, der ein behindertes Kind hat. Er ist so verbittert und seelisch krank, daß all seine Intelligenz und Bildung ihm nicht darüber weghelfen können. Das Unglück bricht beständig aus ihm hervor. Er beschimpft sogar häufig Schüler, weil er den Anblick eines gesunden Jungen nicht verkraftet. Immer steht im Hintergrund sein geistig zerstörtes Kind, eine zerschlagene Verheißung, für ihn eine seelische Folter. Wie leicht kommt es den Pfarrern über die Lippen zu behaupten, Gott sei den Leidenden oder „Armen" nahe. Ist das nicht einfach eine barmherzige Lüge, mit der sich das Christentum heute unglaubwürdig macht?"

„Ja", sagte Chantal, „die Frage nach den unerträglichen Leiden bleibt offen. Wir müssen damit leben. Ich denke manchmal, daß es nur einen ehrlichen Weg gibt, nämlich in der eigenen Seele nachzuforschen, wie in ihr die Spuren Gottes eingezeichnet sind. Warum sind wir so unerschütterlich sehnsüchtig nach Transzendenz, weshalb so unausrottbar auf der Suche nach dem Ewigen? Warum sehnen sich viele Glaubende nach Frieden, nach Gemeinschaft, nach verstehender Güte? Was ist denn „Erlösung“ für uns? Mir scheint, für mich persönlich ist es die Erfahrung von Glück.“

Der Abend war fortgeschritten. Sie hatten alles um sich herum vergessen. Leo sah durch das geöffnete Fenster in der dichter werdenden Dämmerung die Sterne aufleuchten. Eine schmale Mondsichel lag wie ein schaukelndes Schiff über dem Horizont. Die herniedersinkende warme Sommernacht, die geistige Gemeinschaft, das unergründliche Weltall, das Geheimnis des vergänglichen Lebens, das über den Tod hinauswies, die Vorstellung von Menschen seit Jahrtausenden, zu ewigem Glück berufen zu sein, die alles übersteigende, alles sprengende Wirklichkeit des Geistes, waren das nun nur Fragen oder auch eine Antwort?

Kapitel 5 – Die Fremde im Zug

Der Hochsommer kam mit großer und langandauernder Hitze. Chantal versank dankbar darin wie in einem wohltuenden Bad. Die Wärme ermüdete sie nicht, sondern belebte sie. Vielerlei Gedanken zogen durch ihren Sinn. Wieder beschäftigte sie die Frage, ob sie sich für den Weltraumflug bewerben sollte. Fast stand ihr Entschluß fest, daß sie es versuchen wollte. Hatten nicht schon die Erwägungen über die Vorentscheidung ihr Leben verändert, ihm eine intensivere Bewußtheit gegeben? Allein die Idee, in einen „unzugänglichen" Bereich einzudringen, ließ den Horizont zurückweichen. Die Vorstellung, ins Grenzenlose gelangen zu können, verbunden mit dem Bewußtsein äußerster Bedrohtheit des Lebens gab jedem Augenblick ein ewiges Gewicht. Sie stellte fest, daß sie die Menschen interessierter betrachtete und ihnen aufmerksamer zuhörte. Noch eine Woche blieb ihr, bis die Bewerbungsfrist verstrichen war.

Vor einigen Monaten hatte sie sich zu einer Tagung über Victor Hugo in einer weiter entfernten Stadt angemeldet. Übermorgen wollte sie dorthin fahren, und nach ihrer Rückkehr mußte sie sich entschieden haben und ihre Bewerbung abgeben. Es erschien ihr günstig, noch einmal ihre gewohnte Umgebung zu verlassen, um sich klar darüber zu werden, was sie wollte. Zudem hatte die Zeitung, für die sie als freie Mitarbeiterin schrieb, sie um ein Interview mit einem bekannten Literaturprofessor gebeten, der auf dieser Tagung ein Referat halten sollte: Die Familie nahm es ihr nicht übel, daß sie drei Tage abwesend sein würde. Sie hatten sich daran gewöhnt, daß jeder auch seine persönlichen Interessen pflegte. Sie empfanden es sogar als Vertiefung der Gemeinschaft und als anregend für die Gespräche, wenn jeder aus seinem eigenen Bereich etwas beizutragen verstand. Sie kaufte noch genügend Lebensmittel ein, aus denen sich mit wenig Mühe einfache Mahlzeiten herstellen ließen. Dann packte sie ihre Sachen zusammen und fuhr mit dem Bus in die nächstgrößere Stadt mit Anschluß an die Fernzüge.

Es war am späten Vormittag eines wolkenverhangenen aber heißen Tages. Nicht wenige Reisende warteten auf den Interregio in Richtung Süden. Sie betrat ein Nichtraucher-Abteil, in dem schon ein altes Ehepaar die Fensterplätze eingenommen hatte. An der Tür saß eine nicht mehr junge Nonne. Chantal setzte sich in Fahrtrichtung neben die weißhaarige Dame. Die Türen des Zuges schlossen sich automatisch mit einem dumpfen Schlag. Leise und kraftvoll rollte der Zug aus der Bahnhofshalle und gewann sehr schnell an Tempo. Bereits nach kurzer Zeit iieß er die letzten Häuser der Stadt hinter sich und fuhr durch eine vielfältige sommerliche Landschaft. Dann und wann lichteten sich die Wolken, und die Sonne ließ die Blätter der Wälder in tausend Farbschattierungen glitzern. Kühe weideten ruhig und friedlich auf den Wiesen. Ihre schweren warmen

Körper rührten Chantal fast zu Tränen. Sie hätte die Augen schließen und mit Händen und Wangen ihr stilles unbewußtes Leben fühlen mögen. Sie fuhren durch weite Getreidefelder, die kurz vor der Ernte standen. Chantal empfand immer aufs Neue eine erotische Kraft, die in den wogenden Ähren zu wachsen schien und auf sie überging. Das Brot, die Liebe und das Leben wurden darin zu einer Einheit und erfüllten sie mit Dankbarkeit. Lange blieb sie versunken in den Glanz und die Glücksverheißung der schweren Ährenhalme.

Nach einiger Zeit solchen Träumens wandte sie sich von der Landschaft draußen weg und dem Inneren des Zugabteils zu, in dem sie mit drei Menschen, die der Zufall zusammengeführt hatte, eine Strecke weit durch das Land reiste. Gerade nahm die ältere Dame neben ihr eine schwarze Ledertasche von der Ablage, öffnete sie und entnahm ihr eine Thermosflasche, zwei Becher, Papierservietten und ein Paket mit Broten. Fürsorglich legte sie ihrem Mann, der recht gebrechlich wirkte, eine der Servietten auf den Schoß.Dann schnitt sie ihm kleine mundgerechte Stücke eines belegten Brotes ab, reichte sie ihm und wartete, bis er sie gegessen hatte. Er kaute langsam und umständlich. zwischendurch bat er sie ein wenig mürrisch um einen Becher Kaffee, den sie ihm vorsichtig in die zittrige Hand gab.

Der Mann war auf altmodische Weise korrekt gekleidet, trug trotz der Hitze Krawatte und Jacke. Die Frau kümmerte sich um alles, was ihn betraf, fragte ihn, ob es ihm nicht zu heiß sei, legte ihm nach dem Essen ein kleines Kissen unter den Kopf. Sie sprachen wenig miteinander, was an der Schwerhörigkeit des Mannes liegen mochte. Die Anweisungen der Frau verstand er, und dabei ließen sie es bewenden.

Nach ihrem Mann aß und trank auch die Frau etwas, packte dann sorgfältig die Sachen wieder in die Tasche und stellte sie auf den Boden. Als alles wohlverrichtet war, sah sie zu Chantal hin und bemerkte, nicht ohne einen gewissen Stolz, so als habe sie daran einen sichtbaren Anteil: „Wissen Sie, er ist schon 89, will aber noch jedes Jahr für drei Wochen verreisen. Wir fahren nun bereits seit zwanzig Jahren nach B. Dort gibt es einen schönen Park, in dem wir morgens und nachmittags spazieren gehen."

Chantal antwortete: „Wenn es Ihnen noch Freude macht, ist es doch eine Abwechslung für Sie, wenn Sie noch herauskommen."

„Ja", sagte die Frau, „ich bin auch schon 78, und in diesem Alter hat man doch andauernd gesundheitliche Beschwerden. Wir müssen fast jede Woche zum Doktor, weil es überall nicht mehr so richtig stimmt."

Gerade hielt der Zug in einem Bahnhof. „Wir sind schon in Z.", sagte die alte Frau zu ihrem Mann, „dann müssen wir uns langsam fertigmachen, denn wir steigen an der nächsten Station aus. Unsere Koffer haben wir aufgegeben, die könnten wir nicht mehr tragen."

Beide wünschten den Mitreisenden noch eine gute Fahrt und verließen das Abteil, um rechtzeitig an der Tür zu sein. Chantal blickte ihnen noch nach wie sie vorsichtig den Gang entlanggingen.

Nun teilte sie diesen kleinen Raum mit der Nonne, die sie erst jetzt mit einiger Scheu ins Auge faßte. Als ein besonders fremder Mensch saß sie ihr schräg gegenüber, viel abweisender und verschlossener als andere. Was gab es zu entdecken an diesem Menschen, mit dem sie voraussichtlich noch wenigstens eine Stunde allein sein würde, denn nach der Station, wo das alte Ehepaar ausgestiegen war, hatte niemand das Abteil betreten.

Chantal begann sich für diese Frau vor ihr zu interessieren. Der Versuch reizte sie, etwas von diesem unbekannten Wesen zu erfahren, vielleicht die Struktur ihres Lebens zu erahnen.

Womöglich war die Anonymität der Reise eine Chance, mehr aus sich herauszugehen als es der normale Alltag erlaubte. Was konnte ihr die äußere Erscheinung sagen? Sie war eher klein von Gestalt und hager. In den verhärmten, manchmal zuckenden Gesichtszügen von bleicher Farbe ließ sich das Alter nur annähernd schätzen, aber sie mußte wohl die Siebzig überschritten haben, denn unter dem schwarzen Tuch, das ihren Kopf umschloß, sahen graue, fast weiße Haare heraus. Sie trug ein schwarzes, abgenutztes Kleid, das ihren Körper so verhüllte, daß sowohl die Formen ihres Geschlechts wie auch jede Spur eines persönlichen Geschmacks untergegangen waren. Eine vollständige Trauer ging von ihr aus, endgültig niemals etwas von ihrer eigenen Person verwirklicht zu haben. An der rechten Hand trug die Nonne einen goldenen Ring, der einem Ehering glich. Sie hielt ein aufgeschlagenes Gebetbuch auf ihrem Rock, in dem sie las und von dem sie oft wie unwillkürlich aufsah.

Chantal blickte sie an und fragte spontan: „Fahren Sie weit weg?“ Die Schwarzgekleidete wandte ihr ein ergebenes Gesicht zu und antwortete: „Ja, ich muß in Kur fahren, ich habe Asthma.“

Nach einer kleinen Pause sagte Chantal: „Sie haben wohl sehr viel gearbeitet und brauchen Erholung.“ „Ich war bis vor vier Jahren Lehrerin und jetzt pflege ich zwei schwerkranke Mitschwestern, denn wir haben keinen Nachwuchs mehr, und die meisten von uns sind schon ziemlich alt. Aber auch die Kur wird wohl anstrengend für mich werden, denn ich muß täglich neben all den Behandlungen noch mindestens drei Stunden beten.“ Sie sagte das mit entschuldigendem Unterton, als wolle sie nicht den Eindruck erwecken, etwa in Urlaub zu fahren. Chantal wurde von einem beklemmenden Gefühl beschlichen, das von ihrem Gegenüber ausging. Sie fragte sich, wie es dazu gekommen war, daß die vor ihr sitzende alte Frau sich als junger Mensch dazu entschlossen hatte, in ein Kloster einzutreten. Wie stellte sie sich Gott vor? Und wie sah sie sich selbst vor diesem Gott?

Sie saßen allein in einem Eisenbahnabteil, der Zug fuhr leise und schnell durch die menschenleere Landschaft. Der „Zufall“ hatte sie zusammengeführt und würde sie alsbald wieder trennen, auf „Nimmerwiedersehen". Chantal sah die Ordensschwester an und fragte vorsichtig: „Ich wüßte gern, warum Sie ins Kloster gegangen sind?" Die Nonne schien weniger überrascht, als sie erwartet hatte. „Gott hat mich gerufen, ich habe es immer in mir gehört. Er ist ein Fordernder. Er verlangt oft das Liebste von uns. Er will, daß wir ihm unser Bestes schenken. Jesus hat sich ja auch für uns geopfert." „Haben Sie, als Sie jung waren, nie daran gedacht, eine Familie zu gründen?" „Doch, ich kannte einmal einen Jungen, der mich gerne hatte. Und ein Pater hat einmal zu mir gesagt, ich würde gewiß 10 Söhne bekommen. Aber wenn Gott es will, muß man alles freiwillig opfern. Ich habe es ganz aus freiem Willen getan. Ich habe mich Gott übergeben, daß er über mich und mein Leben verfügen kann. Er wollte, daß ich durch mein Leben von seiner Liebe Zeugnis gebe und nicht von meinem Egoismus." Chantal fühlte immer stärker die tiefe Kluft, die zwischen ihr und ihrer Mitreisenden bestand. Sie fand in sich keinen Widerhall für ein solches Leben und sie benötigte ein besonderes Instrumentarium, um auch nur die ersten Schritte an ihrer Seite mit ihr gehen zu können. Erschwerend kam noch hinzu, daß es sie schauderte vor der Kälte und Einsamkeit der seelischen Räume, die sich hier andeuteten und vor dem Bild des Gottes, der darin hauste, um sein Unwesen zu treiben. Sie bekam Mitleid und schämte sich doch zugleich dieses Gefühls, weil es ihr unangemessen vorkam.

War es nicht möglich, daß diese Frau, so fremd sie ihr auch vorkam, mit ihrem Leben zufrieden war und ebenso andere leben lassen konnte? Chantal fühlte einen flüchtigen Blick auf sich gerichtet und hörte die schwere, belastete Stimme: „Sie sind sicherlich evangelisch?" „Nein, antwortete Chantal, ich bin katholisch." Gerade überlegte sie, ob sie diese viel zu einfach klingende Aussage etwas erläutern sollte, als sie den überraschten und erfreuten Blick der Ordensschwester auffing: „Das ist selten im Norden, woher wir kommen." Sie begann mit einem Mal, etwas aus sich herauszugehen: „Wissen Sie, es gibt nur noch wenige, die sich an das halten, was der Papst sagt. Manche leben unverheiratet zusammen, und die Verheirateten bekommen nur noch wenige Kinder.

Selbst viele aus meiner ehemaligen Schule gehen sonntags nicht in die Kirche, und ich habe sogar schon welche gesehen, die sich vor dem Schultor schamlos berührt haben. Über unseren Glauben wissen manche gar nichts mehr. Sie sind schon fast „Heiden". Schon Jugendliche nehmen Verhütungsmittel, obwohl der Papst das doch verbietet. Zum Glück gibt es wenigstens noch einige Bischöfe, die den Mut haben, dies zu verurteilen. Die meisten sind nicht mehr bereit, Opfer und Verzicht an die erste Stelle zu setzen." Chantal war verstummt. Sie fühlte sich zerrissen vor Schmerz bei dem, was sie hörte. Ihr kam der Gedanke, daß es vier „Häuser" gäbe, die sie nicht bewohnen wollte, die für sie die „Hölle" sein müßten: Das Gefängnis, das Krankenhaus, die Psychiatrie und das Kloster. Sie sagte das natürlich nicht, kam sich aber ratlos vor angesichts der Diskrepanz des Denkens.

Zu dem letztgenannten Gedanken der Nonne sagte sie noch: „Vielleicht suchen die Menschen das Glück miteinander und den Austausch ihrer eigenen Gedanken, und sie glauben daran, daß sie so Gott in sich und miteinander finden können. Und wenn Gott oft dunkel bleibt, so kann ein jeder Mensch, der ein Stück weit er selbt geworden ist, einen einmaligen Gedanken Gottes erkennen lassen."

„Wozu brauchen wir dann noch Jesus und die Kirche?", fragte die Nonne, so etwas löst den christlichen Glauben auf. Dann kann sich ja jeder nach Gutdünken seine eigene Religion basteln. Aber nur die katholische Kirche besitzt die ganze Wahrheit, die Gott uns offenbaren wollte. Wir sollen die Freude darüber weitergeben."

Im Gegensatz zu diesen Worten fühlte Chantal sich müde und traurig. Niemals könnte sie sich auf diese Weise freuen: ohne Freiheit, ohne Kreativität, ohne Zärtlichkeit, auch nicht ohne materielle Mittel, die die Freiheit und Unabhängigkeit in vielen Bereichen erst ermöglichen.

Sie empfand es wie eine Befreiung, daß der Lautsprecher den nächsten Bahnhof ansagte, an dem sie aussteigen wollte. Sie nahm ihre Reisetasche, warf sie mit einem fröhlichen Schwung über ihre Schulter. „Ich wünsche Ihnen eine erfolgreiche Kur und alles Gute." „Danke, auch Ihnen alles Gute", antwortete die Nonne.

Chantal öffnete die Abteiltür, trat auf den Gang hinaus, sah noch ein letztes Mal zu der Düsteren hinein und suchte den Ausgang. Als der Zug hielt, sprang sie auf den Bahnsteig, spürte die Sonne, das Licht und die Wärme auf ihrer bloßen Haut und glaubte, dem Entsetzten entkommen zu sein.

Kapitel 6 – Die Wirkung

Benommen und verwirrt von einer Flut widersprüchlicher Gefühle ging Chantal den Weg durch die Unterführung zum Bahnhofsgebäude.

Auf einer Bank in der Eingangshalle sah sie einen Stadtstreicher sitzen. Seine wenigen Habseligkeiten standen, in eine Plastiktüte verpackt, neben ihm. Zwei leere blaue Bierdosen lagen bei seinen mit schmutzigen, zerrissenen Schuhen bedeckten Füßen. Aus einer dritten trank er. Nach jedem Zug sank sein Kopf zwischen den Kragen seines zerlumpten Mantels. Er schien die Umhergehenden nicht wahrzunehmen. Chantal versuchte, seinen Blick aufzufangen, jedoch vergeblich. Dumpf fragte sie sich, ob ein solcher Mensch sich über ein Gesprächsangebot, hier und jetzt auf diesem Bahnhof freuen würde, ob das ein Licht in sein verdunkeltes Leben werfen könne. Sie fand einfach den Mut nicht, diesen Betrunkenen anzusprechen. Warum nicht, überlegte sie, zornig auf sich selbst? Hier in der Öffentlichkeit, am hellen Tag, hätte sie sich kaum ernstlich gefährden können. Ihre Lebenswelten lagen sehr weit auseinander, aber vielleicht sehnte er sich seit Jahren oder gar sein ganzes Leben lang nach nichts anderem, als daß einmal einer sich für ihn interessieren könne.

Chantal fühlte sich schuldig und elend, während sie auf die Straße hinausging und sich in das Getümmel der Menschen mischte, die in dieser Nachmittagsstunde die Stadt bevölkerten.

Bis zum Beginn der Tagung am frühen Abend blieb ihr noch genügend Zeit, um sich in Ruhe in dieser ihr unbekannten Stadt umzusehen und sich ihrer Atmosphäre auszusetzen. Die Bahnhofstraße war von halbhohen Bäumen gesäumt. Sie blickte in einen Waschsalon, in dem junge Männer und alte Frauen mit Illustrierten in den Händen vor den laufenden Waschmaschinen auf das Ende des Waschvorgangs warteten. Ein älters Paar bügelte gemeinsam mit Hilfe eines Bügelautomaten große Wäschestücke. Ein Teppich- und ein Porzellangeschäft boten in ihren Schaufenstern einige Beispiele ihrer kostbaren Waren an.

Nach einer vielbefahrenen Straßenkreuzung kam Chantal an einen modernen Springbrunnen, der am Anfang der Fußgängerzone den Leuten symbolisch zu verstehen gab, daß sie sich in einer einladenden angenehmen Stadt befanden. Kleine Geschäfte und Kaufhäuser vertrugen sich in schöner Eintracht mit alten Kirchen, die, je näher sie dem Stadtkern kam, an Zahl und sogar an künstlerischer Bedeutung zunahmen. Chantal ging im Strom der Passanten, versuchte einige der Entgegenkommenden für einen kurzen Augenblick zu betrachten, fragte sich, wie die Stadt auf sie wirkte, ging durch eines der Kaufhäuser und erinnerte sich, daß sie manchmal, wenn sie traurig gewesen war, durch Kaufhäuser geschlendert war, um sich durch den Kauf eines Pullovers oder eines Stoffstückes, materieller Dinge also, die Trauer oder Enttäuschung über einen geistigen oder seelischen Schmerz zu vertreiben.

Sie sann darüber nach, was sie eigentlich von den Menschen, die ihr begegneten, wirklich wußte, wirklich wissen konnte. War die Erkenntnis nicht auch abhängig von ihrer eigenen Stimmung, ihrer Erfahrung? War es nicht fast aussichtslos, zu sagen, wie ein Mensch wirklich in seinem Wesen beschaffen war? Konnte sie nicht einzig sagen, welche Wirkung jemand in ihrer Seele hervorrief oder hinterließ? Und wieviel von dieser Wirkung war der Reflex ihrer eigenen Seele und wieviel von der des andern?

Warum hatten die Nonne im Zug und der Betrunkene im Bahnhof eine so niederschmetternde Wirkung auf sie ausgeübt? Rührte diese Tatsache daher, daß diese beiden Mitmenschen Lebensbilder in ihrer Phantasie hervorgerufen hatten, Szenen düsterer Lenkung durch andere oder durch die Verfallenheit an Zwänge, in denen nichts verwirklicht werden konnte, was Chantal sich an Glück und gelingendem Leben vorstellte? Wieso rief die Begegnung mit ihnen Angst hervor? War es nicht nötig für sie zu lernen, ruhigen Blickes dem ganz weit von eigenen Wertvorstellungen entfernten Leben verstehend ins Auge zu sehen? Bisher hatte sie die Flucht ergriffen, weil sie fürchtete, sonst in einen Abgrund gerissen zu werden.

An diesem Nachmittag, beim ziellosen zufälligen Wandern durch diese unbekannte Stadt ging ihr auf, daß sie neue Wege suchen und finden wollte zu ihrer eigenen verborgenen seelischen Wirklichkeit, um in sich selbst einen Halt zu haben, der es ihr ermöglichen würde, anderen tiefer zu begegnen.

Chantal war nun ins Zentrum der Stadt gelangt. Vor ihr lag der weiträumige Markt- und Domplatz und an seinem Ende erhob sich, altehrwürdig und voll Majestät, die spätgotische Kathedrale. Ein kleines Mädchen in türkisem Kleid und mit hellbraunen Locken lag bäuchlings auf der Brüstung eines Springbrunnens und ließ seine Händchen durch das bewegte Wasser gleiten. Das Kind war eins mit seinem forschenden erfahrenden Spiel. Ohne Gedanken und Worte tauchte es einen Teil seines Leibes ins Urelement allen Lebens.

Wenn du sprechen lernst, dachte Chantal, wirst du herausfallen aus dieser Einheit mit der Welt, und eine Unzahl von Fragen wird in deinem Kopf auftauchen, von denen du viele nicht beantworten kannst. Und doch wirst du den Fragen nachgehen, um wenigstens einige zu ergründen. Sie setzte sich auf den von der Sonne erwärmten Steinrand des Brunnens und betrachtete das spielende Kind. Dann legte sie langsam die Finger auf das Wasser und bewegte sie in dieser ungreifbaren durchsichtigen Materie, die wir so nötig haben und die sich doch nicht mit den Händen erfassen läßt. Nur im Innenraum des Leibes wird das Wasser wirksam und wir leben von ihm.

Chantal lächelte dem Kind und seiner Mutter zu, stand auf und wandte sich dem Westportal des Domes zu. Die Steine des Vorraums strömten die Wärme des Spätnachmittags aus, und die

Madonna über dem Eingang begrüßte die Eintretenden schweigend und freundlich seit vielen Jahrhunderten.

Die Kühle des Gotteshauses ließ Chantal frösteln. Hatten die Menschen früher geglaubt, daß Gott in diesem Haus „wohne"? Wie konnten sie auf den Gedanken kommen, das sakramentale Brot, in dem sie Gott verehrten, in einen Panzerschrank einzusperren? Sah das nicht nach einer ungeheuerlichen Verfügung über das Göttliche aus? Gewiß, es wurde erklärt mit der vermeintlichen Notwendigkeit, das Heilige vor Schändung zu bewahren, aber doch blieb die Frage, ob hier nicht eine unzulässige Verdinglichung Gottes ihren Ausdruck gefunden hatte. Chantal glaubte nicht, daß Gott sich hier „mit Händen greifen" ließ oder daß dies gewissermaßen eines seiner prächtigen Wohnhäuser war. Wohl aber verstand sie dieses tiefempfundene Gebäude, das das leidenschaftliche gottrunkene 13. Jahrhundert hervorgebracht hatte als Ausdruck unendlicher Sehnsucht von Menschen, die dem unzerstörbarsten Stoff der Erde, dem Stein, die Zeichen ihres Glaubens und ihrer Hoffnung eingeprägt hatten.

Die mystische Farberfahrung französischer Kathedralen war in diesem Dom durch die Kriegszerstörungen verlorengegangen, aber die bis ins Äußerste gesteigerte Ausrichtung des Raumes nach oben legte Zeugnis ab von der fast verzweifelten Sehnsucht, das Göttliche in einen für Menschen begehbaren Raum einzufangen.

Sie glaubte zu verstehen, was damalige Menschen mit solch kühner, geistdurchtränkter Architektur hatten darstellen wollen und fühlte auch, daß das zwanzigste Jahrhundert andere Wege zu Gott suchen mußte. So groß und seelenvoll die Künstler der Vergangenheit auch den Steinen das Antlitz ihres Glaubens gegeben hatten, so klar schien es Chantal dennoch, daß der heutige Mensch einer anderen Erfahrung als dieser bedurfte, um einen Schimmer des Göttlichen aufzufangen.

Wie kam es, daß die meisten Zeitgenossen die Kirchen innerlich und äußerlich verlassen hatten? Vielleicht deshalb, weil sie der sicheren Glaubensaussagen überdrüssig waren, seien sie nun aus steinernen Kirchenbauten oder aus festgefügten unumstößlichen dogmatischen Lehrsätzen. Sie dachte, daß gangbare Glaubenswege für heute noch im Dunkeln lagen und von jedem einzelnen erst entdeckt oder sogar erfunden werden mußten.

Sie betrachtete die zu dieser Stunde Anwesenden in dem Dom. Die meisten trugen sportliche Touristenkleidung, Jeans, Polohemd und Turnschuhe. Sie gingen durch die Kirche, um ihre Bildung zu vervollständigen, die Kunst der Vergangenheit zu besichtigen.

Gelangte etwas vom Glaubenszeugnis des Mittelalters in ihren Alltag? Was wußte sie darüber? Die Kirchenwanderer der Gegenwart waren spontanen Gesprächen durchaus nicht sehr zugetan. Sie gingen zumeist schweigend und betrachtend durch die hohen Räume, photographierten eine Madonna oder eine Fensterrosette und verließen die Kirche, zumeist ehrlicherweise ohne zu beten. Die Vorstellung vergangener Jahrhunderte, daß man Gott hier „besuchen“ könne, ihm hier „örtlich näher“ sei als „draußen“, war ihnen fremd.

Nachdenklich wandte Chantal sich dem Ausagng zu, sah das Weihwasserbecken, das früheren Gläubigen vielleicht den magischen Eindruck vermittelt hatte, daß sie, benetzt mit dem geheiligten Wasser, rein und neu in den vom Schmutz der Welt ausgesparten Raum eintreten konnten, um dort zeichenhaft den ersten Augenblick des himmlischen Hochzeitsmahles zu feiern. Sie selbst hatte es in ihrer Kindheit noch so empfunden. Aber jetzt mußte sie eine andere Fährte suchen. Das Alte mochte gültig und ehrfurchtgebietend sein für die Vergangenheit, für heute war es ein Weg, über den langsam Gras wuchs und der merklich zerfiel.

Kapitel 7 – Auf der Tagung

Chantal stellte fest, daß die Zeit vorgerückt war und sie sich nun beeilen mußte, das Akademiehaus aufzusuchen, denn mit dem Abendessen begann die Tagung über Victor Hugo, zu der sie unterwegs war. Sie fuhr mit dem Bus eine Viertelstunde lang bis zum Stadtrand, wo das moderne, futuristisch anmutende Versammlungshaus am Rand eines Waldes an einem Hügel lag. Birken und Fichten verhüllten teilweise dem sich nähernden Besucher das vorwiegend aus Metall und Glas erstellte Gebäude. In der Eingangshalle plätscherten Brunnen und wuchsen exotische Pflanzen, die ihre weitausladenden Blätter über die Köpfe der unter ihnen gehenden Menschen breiteten. Chantal befand sich bei den letzten Ankommenden. Sie trug sich in die Teilnehmerliste ein, erhielt ihren Zimmerschlüssel und begann, den ihr zugewiesenen Raum über die phantasievollen Treppen, Brücken und labyrinthartigen Gänge zu suchen. Auch andere Männer und Frauen brachten ihr Gepäck, das zumeist aus einer Reisetasche bestand, in ihre Zimmer. Als Chantal ihre Tür aufgeschlossen hatte und einen ersten Blick ins Innere warf, überraschte sie die Gemütlichkeit und behagliche Ausstrahlung, die sich ihr darboten. Von dem kleinen Schreibtisch am Fenster sah man in die Blätterfülle zweier Buchen. Das Bett stand in einer dem Fenster abgewandten Ecke. Der ganze Raum war mit grünem Teppichboden ausgelegt.

Besonders erstaunte sie die Tapete mit dem Muster einer blühenden Sommerwiese und ein Bild des französischen Impressionisten Claude Monet, auf dem eine traumhafte Frau mit Sonnenschirm zwischen hohen Gräsern vor dem Hintergrund dreier Birken mehr schwebte als ging. Ein kleiner Duschraum rundete die angenehme Atmosphäre ab. Chantal erfrischte sich, zog sich um und wurde gerade noch fertig, als es zum Abendessen gongte.

Sie verließ ihr Zimmer, schloß es ab und ging hinunter in den Speisesaal, in dem sich die etwa hundert Tagungsteilnehmer einfanden. Jeder nahm nach Belieben an einem der für sechs Personen vorgesehenen Tische Platz. Die Akademieteilnehmer kannten sich selten. Einige kamen zwar als Paar oder mit einem Freund oder einer Freundin, die meisten jedoch offensichtlich allein. Chantal wußte von früheren Veranstaltungen dieser Art, daß es üblich war, sich anonym zu begegnen. Es lohnte für zwei oder drei Tage nicht, sich mit dem Lernen von Namen zu beschäftigen. Das Interesse am Thema und wohl auch die Neugierde, mit unbekannten Menschen reden zu können, zu erproben, wie man mit zufällig an einem Tisch sitzenden Menschen umgehen konnte, machte den Reiz solcher Tagungen aus. Das Haus glich einem Schiff, das am ersten Abend in See stach und nach zweieinhalb Tagen seine Passagiere im Hafen eines fernen Landes entließ, von wo aus sie sich für immer zerstreuten. Chantal erinnerte sich, daß einmal früher ein Teilnehmer sich mit einem Kuß auf die Wange von ihr verabschiedet hatte und sagte: „Wenn wir uns auf Erden nicht mehr wiedersehen, so doch hoffentlich im Himmel.“

Während Chantal die sich kreuzenden Menschen und die noch unbesetzten Stühle in Augenschein nahm, begegnete ihr Blick unerwartet dem eines Mannes mit ernsten nachdenklichen Augen. Eine heiße Welle schlug in ihr hoch. Woher kannte sie ihn? Sofort wußte sie es: Es war der Fremde, der vor einiger Zeit in ihrer Bibliothek nach einen Buch gesucht und der ihr Herz so tief bewegt hatte. Nie hätte sie damit gerechnet, ihn hier wiederzusehen.

Verwirrt sahen sie sich in die Augen, glaubten, den Halt zu verlieren, als gingen sie über schwankendes Wasser. Der Mann versuchte nachzudenken und seine Befangenheit zu überwinden: „Sind Sie nicht die Bibliothekarin aus D.?“ fragte er. Ein freudiges Lächeln glitt über ihr Gesicht: „Ja, haben Sie das Buch, nach dem Sie gesucht haben, noch gefunden?“ – „Gerade gestern habe ich es in Köln gefunden“, erwiderte er. „Das freut mich für Sie“, sagte sie ehrlich, „ich glaube, wir müssen uns mal hinsetzen.“

Die übrigen Tagungsteilnehmer saßen nun bereits alle an den Tischen. Chantal und der Fremde aus der Bibliothek fanden nur noch an verschiedenen Tischen Plätze.

Mechanisch und ohne Appetit griff Chantal nach einer Schnitte Brot, die ein älterer Mann ihr freundlich in einem Korb reichte.

Eine ebenfalls ältere Frau ergriff die Kanne mit Hagebuttentee und goß allen Tischgenossen davon ein. Chantal fühlte sich wie im Traum, gab sich Mühe, die noch neuen Menschen, mit denen sie die Mahlzeit teilte, anzusehen und sich an den vorsichtigen Versuchen eines behutsam beginnenden Gespräches zu beteiligen. Mit etwas Humor und Wohlwollen, einigen Beobachtungen über das Tagungshaus sowie ersten Gedanken über Victor Hugos Werke halfen sie sich aus der Isolation heraus, in der sich Fremde sehen, die zum ersten Mal miteinander essen.

Einmal blickte Chantal auf und suchte den Fremden mit den Augen. Er fing ihren Blick auf, und inmitten aller andern und unbemerkt von ihnen begannen ihre Seelen zu brennen.

Unerwartet und unvorbereitet stand sie an der Schwelle zu einer Erfahrung, die sie früher schon gekannt hatte und die in der Geschäftigkeit des Alltags, im Heranwachsen der Kinder unbemerkt wie auf einem langsam dahinfließenden Strom davongeschwommen war. Wie kam es, daß dieser Mensch es vermochte, sie einzuhüllen wie eine große, über ihr niederbrausende Woge aus Wärme und Freude?

Wie in der Brandung des Meeres versuchte sie, die Kraft des auf sie einstürzenden Wassers zu erfühlen und sich darin zurechtzufinden. Welche verborgenen Räume gab es in der Seele, die mit einem Mal, wie durch ein Wunder, geöffnet werden konnten? Sie glaubte, dieses neuentdeckte „Seelenzimmer“ wie einen geheimen Schatz in sich zu tragen und bekam Lust, es genauer in Augenschein zu nehmen oder eigentlich eher, es einzurichten mit ihrer eigenen Phantasie.

Das Abendessen war beendet. Chantal räumte wie viele andere das Geschirr zusammen und stellte es auf einen bereitstehenden Wagen. Bewußt vermied sie es beim Hinausgehen nach dem Fremden Ausschau zu halten, sondern sie wandte sich schnell der Treppe und ihrem Zimmer zu. Dort putzte sie sich die Zähne, legte sich einige Minuten träumend auf das Bett und stellte sich die Gestalt dieses Mannes vor, dessen Wesen sie so geheimnisvoll anzog. „Ich möchte wissen, wer er ist, wie er lebt", dachte sie .

Es war Zeit für den abendlichen Einführungsvortrag. Die weiten Fenster des Hörsaales öffneten sich nach Westen, von wo die sich dem Horizont zuneigende Sonne die Versammelten mit ihrem warmen Licht umfloß.

Chantal setzte sich in den hinteren Teil des Saales. Der Akademiedirektor erschien mit dem Referenten des Abends, einem schon bejahrten und gebeugt gehenden Romanistikprofessor mit hellen interessierten Augen. Er sprach eine Stunde lang über die verschiedenen Formen der Liebe in Victor Hugos Roman „Notre Dame de Paris" Während Chantal fasziniert seinen kenntnisreichen Ausführungen lauschte, nahm sie den Fremden einige Reihen vor sich wahr, fühlte nur eine Wärme in der Brust und wußte noch nicht, welche Art der Zuneigung sie im Begriff war zu lernen.

Der Professor zog die Zuhörer in seinen Bann, indem er die Gefühle der Romanfiguren in Beispielen aus dem Werk lebendig werden ließ. Er machte verständlich, wie unausweichlich das Schicksal der unglückseligen Helden aus ihren miteinander verknüpften Gefühlsverstrickungen hervorging. Es gelang ihm überzeugend, verborgene und unklare Erfahrungen der Anwesenden durch die tiefere Erkenntnis der Dichtung zu erhellen. Auf dem Weg des Geistes ließ er sie tiefer ln ihre eigene Seele blicken und weckte so Betroffenheit und die Bereitschaft, selbst auf die Suche zu gehen auf den verschlungenen Pfaden der eigenen Vorgeschichte. Zugleich wuchs in ihnen die Bereitschaft, für die unerschöpfliche Vielfalt der „Mitwanderer" Antennen einzuschalten.

Der Redner verstand es, sein Auditorium von den gewohnten Alltagsstraßen fortzulocken und sie in ein Neuland zu führen, in dem sie nicht nur den bewegenden und erschütternden Figuren des Romans begegneten, sondern auch bisher noch verhüllten Seiten ihrer eigenen Biografie.

Chantal fühlte sich losgelöst und frei und ließ sich auf das geistig-seelische Abenteuer ein. Menschen erschienen in ihrer Vorstellung, die sie in ihrem Leben geliebt hatte und die ihr zur Erfahrung von Schmerz und Glück geworden waren. Nur anders als die erdichteten Figuren des französischen Autors, die auf tragische Weise den Tod gefunden hatten, fühlte sie sich nun mitten im Leben, in einem Prozeß der Verwandlung, der sie faszinierte.

Kapitel 8 – Abendgespräch

Wie benommen tauchte sie am Ende des Vortrags aus ihren Überlegungen auf. Die Zuhörer spendeten begeisterten Beifall. Nachdem das Klatschen abgeebbt war, trat der Akademiedirektor wieder ans Mikrophon, um dem Professor mit wohlvorbereiteten Worten für seine Ausführungen zu danken. Er entließ die Teilnehmer mit dem Hinweis auf die im Haus befindliche Weinstube, wo man nach Belieben den Abend in angeregter Diskussion beschließen könne.

In Gedanken versunken wandte sich Chantal dem Ausgang des Saales und dann dem bezeichneten Keller zu. Beim Aufstehen begegnete sie wieder dem Blick des Fremden, der an ihrer Seite hinausging. „Wollen Sie auch noch etwas trinken?“ fragte er sie. „Ja, ich gehe noch ein wenig hinunter“, erwiderte sie. „Ich heiße Enrico Lind“, sagte er, als sie die Treppe hinabstiegen. „Und ich Chantal Weiher.“

Die Weinstube war ein urgemütlicher Raum mit Wänden und Decken aus dunklem Holz. In rustikalen Nischen waren Bänke um Tische gruppiert, die sechs bis acht Personen Platz boten. Die Getränke nahm sich jeder aus einem der großen Kühlschränke und legte das Geld dafür in einen bereitstehenden Kasten. Chantal suchte sich einen Johannisbeersaft aus und Enrico Lind Mineralwasser. Sie setzten sich an einen der noch freien Tische. Gleich darauf gesellten sich noch ein sehr junger Mann und eine Frau mittleren Alters zu ihnen. Der junge Mann trug Jeans. Seine braunen Locken hingen ihm in die Stirn und fielen bis in den Nacken. In seinem Gesicht spiegelte sich eine krisenhafte Stimmung. Er trank sein Bier in heftigen Zügen aus der Flasche. Die Frau trug eine blaue Bluse und einen gemusterten Rock.

Ihr dunkelblondes Haar mit einfachem Schnitt umrahmte ein Gesicht von holzschnittartigem Ausdruck.

Der junge Mann stellte sich kurzentschlossen als „Jan" vor, worauf auch die drei übrigen ihren Vornamen sagten und man erfuhr, daß die als letzte an den Tisch gekommenne Frau sich „Maria" nannte.

Keiner erzählte etwas von seinen Lebensumständen, seiner Familiensituation. Erst als ein leidenschaftliches Gespräch in Gang kam, fielen auch einige Lichter auf die Art, wie jeder den Teppich seines Lebens geknüpft hatte.

Enrico betrachtete aufmerksam die drei Menschen, mit denen der Zufall ihn zusammengeführt hatte. Der Nachhall des Vortrags spiegelte sich in seinen wie von Künstlerhand gestalteten Gesichtszügen. Dann teilte er den um ihn sitzenden seinen ersten Gedanken mit: „Die Weise, wie die Personen des Romans lieben, enthüllt wie ein Leitmotiv ihr Wesen in seinen Beschädigungen und Glücksmöglichkeiten." Jan blickte von seiner Flasche weg auf Enrico: „Ja, an Dom Claude Frollo zeigt sich, daß das gewaltsame Verbot zu lieben ihn aus Angst und Verzweiflung zur Gewalt an

Esmeralda treibt. Wäre die Liebe nicht in ihm vergiftet worden, so hätte er kaum solche Qualen an andere weitergegeben. Hätte er sich nicht zur Einsamkeit verurteilen lassen, so hätte er mit seinen starken Gefühlen andere in seine Nähe zu ziehen vermocht."

Enrico vertiefte sich in Jans Gedankengänge. „Vielleicht erstaunt es nicht, daß es gerade ein Priester ist, dessen Herz der Dichter als Feld solcher Verwüstung beschreibt. Wie sieht es denn heute in den großen christlichen Kirchen aus? Woher kommt es, daß so viele weggehen oder sogar offiziell austreten? Hängt das nicht auch zusammen mit dem Willen der Oberen zur Macht, über der sie die Sorgen und Fragen der Menschen vergessen?" Maria warf erregt ein: „Die Fragen sind doch alle in der Bibel beantwortet. Die Priester sagen den Gläubigen, was sie tun sollen und helfen ihnen damit." Chantal fragte Maria: „Worin hilft die Kirche Ihnen denn?" Maria sah Chantal unbewegt an: „Mein Mann und ich, wir haben fünf Kinder, wir erziehen sie streng im Glauben und hoffen, daß sie wie wir darin eine Anleitung und einen Halt finden." Chantal sagte darauf: „Das mag so sein, aber nicht jeder wird Ihre Ansicht teilen. Ich selbst verstehe vieles, was der Papst zu glauben vorstellt, nicht. Es beginnt damit, daß ich die Vorstellungen der Sexualmoral angesichts der furchtbaren Übervölkerung der Erde für unvertretbar halte, auch scheint sie mir in sich schon von abwertenden Tendenzen bestimmt zu sein. Und es setzt sich fort in den Dogmen des Glaubensbekenntnisses, die in diesem Behauptungscharakter keinen Bezug zu meinem Leben haben."

Die Vierergruppe rückte enger zusammen. Alle begannen, die Chance zu ahnen, die darin lag, hier, gewissermaßen anonym und doch von Angesicht zu Angesicht, offen, ohne Scheu von sich sprechen zu können. Jan sagte: „Ich bin, als ich 18 wurde, aus der katholischen Kirche ausgetreten. Ich habe mich dort noch nie zu Hause gefühlt.

Die Riten der Liturgie erscheinen mir wie sonderbare Zauberei aus grauer Vorzeit. Das Sündenbewußtsein, von dem im Gottesdienst und auch in den Bibeltexten soviel die Rede ist, habe ich nicht. Ich glaube eigentlich an Gott, will mir aber nicht ein solches Skrupulantenbewußtsein einreden lassen. Wenn Gott uns geschaffen hat, warum sollen wir uns dann immer als so verworfen fühlen?" Enrico sagte: „Ja, ich denke, in biblischen Zeiten stellten sich die Leute Gott als ihren Herrn vor, der in Gestalt seiner Auserwählten den Menschen Gebote und Verbote gab, die eine Art Garantie waren, von ihm, Gott, anerkannt zu werden. Aber was helfen den Menschen Gebote und Verbote wirklich? Die meisten bemühen sich doch um ein gelingendes Leben miteinander, andere auch nicht. Aber, mir scheint, die Menschen sind doch zumeist ganz arme Wesen, die mit sich und andern bisweilen gar nicht zurechtkommen. Viele können ihr Leben nicht planen, werden von Hunger – leiblichem und seelischem – von Krankheiten, mangelndem Verstand, dafür aber umso mehr Gefühlen geplagt, und zu all dem haben sie den

Tod vor Augen und wissen nicht, ob er nicht das letzte Wort ist." Jan verlor, je intensiver sie sich ins Gespräch versenkten, ein wenig von seiner herben, fast zornigen Ausstrahlung. Er spann die Gedanken weiter: „Müssen wir uns nicht selber fragen, wie wir uns Gott vorstellen? Und ändern sich nicht unsere Bilder von ihm oft? Mir scheint auch, daß in den vielen Jahrhunderten der christlichen Geschichte immer andere Aspekte der in der Bibel vorkommenden Gottesbilder betont wurden, je nachdem, wie herausragende Denker oder auch Machtbeflissene sich Gott dachten. Bleibt Gott nicht womöglich zeitlebens eine reine Hypothese für alle? Ein Denkmodell, mit dem oder ohne das wir leben und sterben?"

Chantal erwiderte darauf: „Ich habe Schwierigkeiten damit, Gott als Vater und auch noch als Sohn zu denken, und das nicht so sehr weil es eine einseitig patriarchalische Idee ist, als vielmehr, weil ich mir als Erwachsene keinen Vater mehr wünschen kann. Wer mit seinem eigenen Vater unglücklich war, wird froh sein, ihn beim Erwachsenwerden für immer verlassen zu können. Und selbst Menschen, die gute Erinnerungen an ihren Vater haben, müssen doch zu sich selber finden ohne ihn. Von daher suche ich auch Gott eher, indem ich mir einen vertrauten Freund oder Geliebten vorstelle. Ganz unerträglich aber finde ich die biblischen Geschichten, die von dem blutrünstigen, kriegerischen, exklusiven Gott erzählen, der für „seine" Leute da ist und, wie man es uns am Gründonnerstag immer zu meiner Qual vorliest, die Erstgeborenen bei Mensch und Tier im Volk der „Feinde“ erschlug.“ Enrico sagte: „Sicher halten Sie diese Geschichten nicht für im historischen Sinn geschehen. Ich sehe darin die Wünsche und Minderwertigkeitskomplexe der jeweiligen Autoren, die in ihrer damaligen Situation, als die Texte entstanden, sich ihren Gott und sein Eingreifen auf diese Weise erhofften. Ich finde auch, daß das nichts mit unserem heutigen Leben zu tun hat. Ganz im Gegenteil würde ich mir wünschen, Gott würde der erschreckenden Unzahl von Menschen eine tiefere Intuition geben, wie sie sich nicht noch verheerender vermehren, sondern in Frieden und Gerechtigkeit miteinander leben könnten.“

Jan sagte ernst: „Ich denke, niemand dürfte mehr als höchstens zwei Kinder zeugen, damit die Zahl der Menschen ohne Krieg langsam abnimmt. Aber die meisten Völker kommen nicht auf diesen Gedanken, sodaß das Elend täglich wächst.“ Chantal sagte: „Ich fühle mich der Menschenflut gegenüber wie verzweifelt. Wenn ich in einem Kaufhaus eine Moslemfamilie mit fünf oder sechs kleinen Kindern sehe, von denen oft eines jammervoll weint, ohne daß es jemanden kümmert, dann werde ich ratlos und zornig. Aber einen Ausweg weiß ich auch nicht. Muß nicht ein Mensch als Erwachsener dreinschlagen, wenn er sich als Kind so überflüssig gefühlt hat?“ Maria hatte die ganze Zeit über geschwiegen. Sie sah bekümmert und verwundert aus. „Ich weiß nicht, ob das so ist, wie Sie sagen. Wir waren auch sieben Kinder zu Hause. Wir hatten nur eine kleine Wohnung und mußten unseren Eltern gehorchen. Wenn so viele Kinder in der „Dritten Welt“ sterben, dann ist es doch richtig, wenn der Papst sagt, man darf keine Empfängnisverhütung betreiben.“ Enrico fragte mit traurigem Gesicht: „Finden Sie es denn richtig, wenn so viele Menschen nur für Tod oder Elend geboren werden? Die Menschen sind es doch, die die Lebensbedingungen für sich und andere menschenwürdig gestalten müssen. Bei der Explosion der Weltbevölkerung gibt es keine Chance der Besserung mehr.“ Maria sah ihn verständnislos an: „Was der Papst sagt, kann doch nicht falseh sein. Er ist doch der Stellvertreter Gottes auf Erden.“ Jan lachte trocken und sarkastisch in sich hinein: „Es gibt also wirklich noch jemanden, der sich dieser Anmaßung unterwirft. Entschuldigen sie, aber da tun Sie mir leid.“ Maria erwiderte: „Warum, ich lasse mich nicht beirren. Ich war immer in der Kirche zu Hause. Jeder Verein hat Regeln. Wer sie nicht befolgen will, der kann ja gehen.“ Chantal entgegenete: „Da bin ich anderer Ansicht. Um bei Ihrem Vergleich zu bleiben, so besitzt in jedem Verein das einzelne Mitglied Mitspracherecht, auch im Staat ist es so. Dort kann ich mich politisch betätigen oder zumindest meine stimme bei der Wahl abgeben. Die Kirche aber ist eine Diktatur, die von oben festlegen will, was Menschen glauben und wie sie sittlich leben sollen. Das läßt sich nicht einfach aufzwingen. Hler ist jeder ufgerufen, seine besten Gedanken beizutragen, und so wird wohl der Glaube der Zukunft in einer sehr großen Vielfalt leben."

Enrico sprach wie aus tiefen Gedanken: „Ja, ich denke, wenn es uns nicht gelingt, als Gläubige eine Mannigfaltigkeit der Glaubensvorstellungen offen und ohne Angst und Agressivität miteinander leben zu lassen, dann werden die vormals christlichen Gemeinden noch rapider als jetzt schon dahinschwinden.

Jeder, der sich verantwortlich fühlt und dem der Glaube ein Anliegen ist, wird seine eigenen Vorstellungen aus seiner Seele entwickeln. Das haben übrigens ja auch schon christliche Mystiker wie Teresa von Avila, Mechthild von Magdeburg oder Meister Eckehard gesehen. Jeder von uns ist ein unverwechselbarer Gedanke Gottes. Wenn ich es so betrachte, kann ich mit sehr verschiedenen Gottesvorstellungen leben. Es reizt mich auch, jeden Tag etwas Neues zu entdecken. Mir scheint, es kommt darauf an, sich erst einmal selbst zu finden, das heißt, seine eigenen Begabungen und Möglichkeiten wirklich zu leben. Wenn ich dazu einmal etwas aus meinem Leben erzählen darf: Ich bin Lehrer für Deutsch und Religion. In diesen Fächern ergibt es sich von selbst, daß im Unterricht Fragen besprochen werden, die den Beteiligten sehr nahe gehen. Ich habe sehr viel auch von meinen Schülern lernen dürfen. Sie erschließen mir die Vorstellungen und Sichtweisen der Jugend, von denen ich selbst nicht nur altersmäßig entfernt bin, sondern die sich auch ganz entscheidend gewandelt haben. Viele Jugendliche sagen mir, daß sie aus ihrer eigenen Erfahrung leben möchten. Wie sollte es auch anders sein, wenn etwas Geistiges wie die Dichtung oder der Glaube sich in die Zukunft weiterentwickeln soll!

Vor einigen Jahren kam mir plötzlich der Gedanke, einen Teil meiner Zeit und Kraft in einen Versuch zu investieren. Ich gab die Hälfte meiner Lehrtätigkeit im Gymnasium auf und richtete in meiner Wohnung ein kleines Zimmer mit vielen Büchern, Bildern und zwei Sesseln ein. Meine Idee war, dort Menschen Gelegenheit zu geben, sich unter dem Siegel des Schweigens auszusprechen. Es ging mir nicht darum, eine Art Psychiater zu werden, das heißt, nur Menschen, die sich belastet fühlen, anzusprechen. Eher hatte ich im Sinn, eine zeitgemäße Form der von fast niemand mehr erwünschten früheren „Beichte“ zu ermöglichen. Mir scheint nämlich, daß es hilfreiche und vielleicht: sogar erlösende Erfahrung sein kann, wenn man einen interessierten, verständnisvollen Gesprächspartner hat. Mein Experiment hätte völlig scheitern können. Es war nach beiden Seiten hin offen.

Ich reservierte einen bestimmten Tag in der Woche, den ich nun in der Schule frei war, brachte an der Haustür ein Schild mit meinem Namen und der Bezeichnung „Zweiergespräche“ an und war gespannt, ob ich mich geirrt hatte oder nicht. Ich hatte mich nicht geirrt. Bald riefen Leute an, fragten etwas zaghaft nach der Bedeutung meines Schildes, und so begannen viele ganz unvergeßliche Gespräche. Ich gründete dann noch eine

Abendgruppe, in der wir über literarische Texte nachdenken und dabei auch uns selbst viel tiefer als wir es allein könnten, verstehenlernen. So habe ich nun also zwei Berufe und freue mich sehr, daß ich meine Idee verwirklicht habe."

Die drei Tischgenossen waren betroffen von Enricos Erzählung. Chantal fühlte die tiefe Hinneigung und Verbundenheit, die sie vom ersten Augenblick der Begegnung an empfunden hatte, bestätigt.

Eine Seelenverwandtschaft bestand zwischen ihnen. Waren sie aus der Tiefe der Zeit unbemerkt miteinander gegangen, bis sie sich erkennen sollten? Es war, als ob aller Schmerz, alle Sehnsucht und alle Freude ihres Lebens sich in ihm sammeln würden.

Auch Jan war beeindruckt. „Was Sie erzählt haben, gibt mir zu denken", sagte er, „ich studiere Romanistik und Anglistik, bin mir aber im Grunde sehr unsicher, ob ich Lehrer werden will. Ich suche nach einem Beruf, der mich wirklich erfüllt. Und das kann für mich nur dann sein, wenn ich den Eindruck gewinnen könnte, anderen Menschen zu wahrerem und intensiverem persönlichen Leben verholfen zu haben, oder doch zumindest ein wenig davon. Bei Ihnen habe ich den Eindruck, Sie haben das in Ihrem Leben entdeckt. Ich selbst tappe noch im Dunkeln, aber ich bin Ihnen dankbar dafür, daß Sie das erzählt haben. Für heute gehe ich schlafen. Gute Nacht!"

Er stand auf, sah noch einmal unter seinen Locken hervor auf die andern, nahm seine Bierflasche, brachte sie in einen Kasten und ging dann langsam aus dem Raum.

„Ich bin nun auch müde", sagte Maria, „eigentlich wundert es mich, daß wir, so veschieden wir sind, so offen miteinander gesprochen haben. Ich dachte immer, wer nicht so denkt wie ich, wollte mich zu seiner Meinung überreden, aber hier war es irgendwie anders."

Chantal erwiderte ernst: „Es ist wohl noch ein weiter Weg bis dahin, daß gegensätzliche Menschen ruhig aufeinander hören lernen. Haben wir nicht alle in dauernder geistiger „Revierverteidigung" gelebt? Wenn wir anfangen, uns ggenseitig in unsere jeweiligen Welten mitzunehmen und zusammen darin umhergehen, so beginnt uns erst einmal zu schwindeln, so ungewohnt, seit Jahrtausenden wohl, ist das. Aber es lohnt sich, denke ich."

„Mir macht es wirklich fast Angst", sagte Maria. „Für heute gehe ich nun auch schlafen, jedoch bin ich froh, daß wir uns unterhalten haben. Gute Nacht!"

Nachdem Maria verschwunden war, sagte Chantal zu Enrico: „Ich möchte auch gehen. Ich glaube, wir könnten noch sehr lange zusammen nachdenken." – „Ich möchte es gerne", sagte er als sie nebeneinander die stillen nächtlichen Gänge des Hauses durchschritten. Vor ihrem Zimmer blieben sie stehen. „Schlafen Sie gut!" sagte sie lächelnd. „Sie auch", antwortete er leise, und er legte ihr leicht die Hand auf die Schulter, strich zart über sie hin bis zu ihren Haaren, streichelte sie sanft und küßte sie auf die Schläfe. Wie im Zauberbann berührte sie sein linkes Auge mit ihren Lippen, sah ihn noch einen zeitlosen Augenblick an, schloß dann ihr Zimmer auf, winkte ihm noch einmal zu, ging hinein und schloß die Tür.

Kapitel 9 – Träume

Chantal ging durch ihr unbeleuchtetes Zimmer bis zum Fenster und öffnete es. Aufrecht stand sie da, wie verzaubert. Die frische, noch warme, dufterfüllte Luft strömte in sie hinein.

Sie fühlte die ganze Intensität des Lebens. Der gestirnte Himmel mit seinen funkelnden Lichtern wurde ihr zum Abbild der Unendlichkeit ihrer Seele. Es gibt keine Grenzen für den Geist und für die Liebe, dachte sie. In Kleidern legte sie sich auf das Bett und überließ sich den Bildern und Gedanken, die in ihr aufstiegen. Enricos Wesen brandete wie die stürmische See durch ihr Herz. sie glaubte zu schweben, und alle früheren Erfahrungen des Losgelöstseins von aller Erdverhaftetheit fielen zusammen in dieser stärksten Empfindung. Auf Schlittschuhen war die Schwere von ihr abgefallen und einer dem Fliegen ähnlichen Balance gewichen. Wenn sie sehr schnell und wild getanzt hatte, glaubte sie den Boden unter sich nur noch symbolisch zu berühren. Warum besaß das klassische Ballett diese Zauberkraft und auch, so weit entfernt davon – die Liturgie ... Aber war sie so weit weg? War sie nicht ein Spiel im Angesicht des Göttlichen?

Und Enrico nun? Er war wie ein Brunnen, in den sie sank, um noch einmal neu zu werden, um neu geboren zu werden, um etwas nie Gekanntes zu finden.

Sie war froh, allein zu sein – mit geschlossenen Augen das Lebenswasser zu trinken, um ihre Kräfte zu sammeln für die weiten und verzweigten Wege, die sie in der Seligkeit dieser Erfahrung gehen würde. Wie hatte sie ihn nur auf der weiten Welt finden können? Sie würde Zeit benötigen zu noch unbekanntem Wachstum. Wer war er? Sie wußte noch nicht viel von ihm. Was überhaupt konnte man von einem andern Menschen wissen? Was von sich selbst?

Geheimnisvoll blieb alles. Wie das wechselnde Licht des Tages oder das glitzernde Leuchten der Sterne auf einen Gegenstand fällt und ihn ganz verschieden erscheinen läßt, wieviel mehr galt das für alles, was eine Person betraf! War es überhaupt auch nur ansatzweise zu erkennen, weshalb sie so von Enrico angezogen und tief berührt wurde? Gab es etwas in der Seele, das, ganz im Dunkeln, darauf wartete, durch die Begegnung mit einem bestimmten Menschen ins Leben zu gelangen, so überraschend wie aus einem winzigen Samenkorn durch Regen und Sonne ein großer Baum hervorgehen kann? In Bildern der Zärtlichkeit betrat sie behutsam und mit wachen Sinnen den Garten der Vertrautheit mit ihm. Sie ahnte, daß nicht nur ihr und Enrico das Leben ein Geschenk darreichte, sondern daß sie, indem sie sich selbst tiefer fanden, auch andern die Hände reichen konnten.

Der tiefe Klang der Domuhr in der Ferne schlug Mitternacht. Chantal stand vom Bett auf, zog sich aus, duschte sich,zog den Schlafanzug an und legte sich unter die Bettdecke. Es dauerte lange, bis sie einschlief. Ihr Herz wogte über von Leben und Hoffnung.

Jede Liebe war eine unverwechselbare Welt, die nur lebte in den Seelen der beiden Liebenden. Und auch – wie häufig kam das vor? lebte eine Liebe nur in der Seele des Liebenden, und das geliebte Wesen wußte nichts davon ... Oder es vermochte die Gefühle nicht zu erwidern.

Unbemerkt und überraschend kam ein flüchtiger, kurzer Schlaf über sie. Manuel stand vor ihr, sah sie mit einem schwer deutbaren Lächeln an. War es weise und gütig – oder fragend? Sie hob die Hände flehend zu ihm, als wollte sie sagen: „Du verstehst mich doch, Ich vergesse Dich doch nicht wirklich!"

Sie wachte wieder auf, erinnerte sich an ihren 40. Geburtstag und daran, daß er ihr wie der Beginn der zweiten Lebenshälfte erschienen war. Wie wahllos stiegen Bilder in ihr auf und schwammen davon. Warum hatte die jüdisch-christliche Religion solche Verdikte, solche Angst und Schuldvorwürfe über Verheiratete verhängt, die für einen andern als den Ehepartner erotische Gefühle empfanden oder gar diesen Ausdruck gaben? Stand nicht ein Besitzdenken dahinter, die Vorstellung, man könne. einen Menschen, seinen Ehepartner für immer in Besitz nehmen und sich in Besitz nehmen lassen? War nicht, ganz im Gegensatz zu dieser Vorstellung das Leben ein fortschreitender Prozeß? Ein Weg, auf dem man vielen Gestalten begegnete und manche davon auch lieben durfte? Herrschte nicht noch immer die kaum angezweifelte Vorstellung, daß man mit jemandem erst entzweit und seelisch getrennt sein müsse, bevor man sein Herz einer neuen Person zuwenden könne? War das wirklich so? Manuel hatte seinen Wert nicht verloren für sie, und sie wünschte auch nichts weniger, als ihm wehzutun. Und doch gab es keinen Zweifel, daß sie die Begegnung zu Enrico leben wollte. Eine Idee durchfuhr sie: War es möglich, eine Liebe zu leben und nicht den kleinsten Besitzanspruch zu stellen? Keine Spur von Eifersucht oder zumindest der Versuch, die Freiheit der Person unumstößlich gelten zu lassen? War es möglich, einem Menschen in der Tiefe zu begegnen und doch zu wissen, er gehört dir niemals, wir finden uns jetzt und heute und lassen uns wieder los ins Ungewisse?

Wäre das nicht die wahre religiöse Erfahrung, die Einübung in die Gottesbegegnung und in die selbstlose Aufmerksamkeit für manchen Menschen, den man auf seinem Weg beachten könnte?

Ein Gefühl der Seligkeit floß über sie hin. Im Geist rannte sie wieder wild und voller Lust vom Strand ins Meer, schwamm durch die starke unendliche, lebensspendende Flut, dem Symbol der Gottheit. Und der Weltraumflug? Sollte sie ihn unternehmen oder nicht?

Sie begann zu schwanken, und Zweifel kamen in ihr auf. War die Erde nicht genug? Gab es dort nicht genug zu tun? Dennoch: Es gab Erlebnisse und Erfahrungen, Ahnungen auch, die alles Kommende verwandelten. Ich glaube, ich will es doch, dachte sie noch, bevor sie noch einmal einschlief.

Kapitel 10 – Der alte Professor

Chantal erwachte von den Klängen eines Mozart-Konzerts. In dieser Akademie pflegte man des Morgens eine halbe stunde vor dem Frühstück diejenigen Teilnehmer zu wecken, die sonst vielleicht verschlafen hätten. Die letzten Traumbilder verwoben sich mit der Musik und versanken in ihr. Sie stand auf, sah wie die Sonne durch die Blätter der Buchen schimmerte, fühlte sich leicht, fast schwerelos und auch aufs Tiefste interessiert an diesem aufgehenden Tag. „Ich darf leben; werde heute lernen, denken, arbeiten und mit Menschen sprechen", dachte sie.

Enrico zog wie ein Duft, wie ein Licht, wie ein Klang durch ihr Herz. Er war ihr nahe, auch wenn sie ihn nicht wirklich sah.

Vertraut und geheimnisvoll, fremd und verschwistert lebte seine Gestalt in ihr.

Sie suchte ihn nicht, sie wußte ja, daß sie sich wiedersehen würden. Sie ahnte auch, daß sie Zeit brauchen würde, diese Verwandlung in sich wachsen zu lassen. Mit innerer Ruhe frühstückte sie, wieder an einem andern Tisch als Enrico. Ein flüchtiger Blick, der Anflug eines Lächelns vereinte sie eine Sekunde lang, dann wandte sie sich wieder den Leuten an ihrem Tisch zu. Es wurde nicht sehr viel gesprochen, der Tag war noch zu jung, und der Morgen brachte unter Fremden eine fast gehemmte Scheu und Zurückhaltung hervor. Chantal kannte diese Stimmung schon von andern Kongressen und wußte auch, daß sie vergehen und von verschiedenartigen Gemütslagen abgelöst werden würde.

An diesem Vormittag sprach ein alter Professor. Thema seiner Arbeit waren die Personen der beiden Romane „Les Miserables“ und „Notre Dame de Paris“, deren Wesen er nachsann. Mit gelehrter Meisterschaft zeichnete er die Beweggründe der Figuren nach und stellte sie seiner Zuhörerschaft so eindringlich vor Augen, als spräche er von Personen, mit denen er sich gestern noch unterhalten und die er in ihrem Leben mit Einfühlsamkeit betrachtet hatte. Dabei verstand er mehr von ihnen als der Dichter sie selbst von sich hatte wissen lassen.

Der Professor war klein von Gestalt. Seine weißen Haare trug er auf der linken Seite gescheitelt und sorgfältig gekämmt. Sein dunkler Anzug sowie die traditionelle Krawatte zeigten die Spuren der Jahre. Auch seine altmodische Aktentasche schien schon auf manchem Katheder verweilt zu haben. Sein nachdenkliches, etwas breites Gesicht mit der großen Brille hatte etwas Kantiges.

Bisweilen, wenn er sprach, zog ein verschmitzter Zug darüber hin, der seinen Humor erkennen ließ. Er lebte in seinen Gedanken, verkörperte sie in unnachahmlicher Weise. Er blieb nicht, wie die meisten Redner, an seinem Pult stehen oder hielt sich gar daran fest, sondern er wandte sich, während er seine Gestalten erstehen ließ, manchmal der hinter ihm angebrachten Wandtafel zu, fertigte wie spielerisch eine kleine, zuweilen rätselhafte Skizze darauf an. Er sprach ruhig und langsam, doch nie langweilig. Er begann so lange und komplizierte Sätze, daß man befürchtete, sie könnten ihm entgleiten. Doch überraschenderweise führte er sie sicher und selbstverständlich zu Ende. Manchmal fiel ihm eine Strähne seines noch dichten und nur über der hohen Stirn gelichteten Haares ins Gesicht. Während er es mit der rechten Hand wieder ordnete, malte er womöglich mit der linken etwas an die Tafel. Er wirkte einfach originell, eins mit sich und seinen Gedanken, ein Mensch des Geistes.

Seine Stimme bewegte sich in wohltuender Mittellage; sie war reich an melodischen Zwischentönen und brachte seine einfühlsamen und zuweilen ironischen Deutungen eindringlich zu Gehör. Dieser Professor war es auch, mit dem Chantal das Interview für ihre Zeitung durchführen wollte.

Nach dem Vortrag traf sie sich mit ihm in einem dafür vorgesehenen Raum der Akademie, in dem das Gespräch auf Band aufgezeichnet werden sollte.

Seit einigen Jahren schickte Chantal ihren Interviewpartnern nicht nur die vorgesehenen Fragen zu, sondern sie erkundigte sich zugleich, ob sie selbst auf bestimmte Themen zu ihrer Person eingehen wollten. Es erschien ihr wichtig, die Person, über die ein Zeitungsartikel geschrieben werden sollte, selbst den Weg vorgeben zu lassen, auf dem man sie begleiten sollte. Sie verabscheute Befragungen, die vornehmlich die Neugierde der Leser befriedigen konnten, womöglich sogar überhaupt kein Interesse zeigten an dem wahren Wesen und Anliegen des Gesprächspartners.

Lehnte dieser es ab, selbst die Fragen auszuarbeiten, so stellte sie die Fragen so, daß sich dem Interviewten die Möglichkeit eröffnete, seine Antwort persönlich und frei zu gestalten.

Der alte Professor hatte seine „Fragen“ bereits schriftlich mitgebracht, auch die „Antworten“ und sagte ihr, daß er gerne bereit wäre, über seine verfaßte Selbstdarstellung hinaus noch ein spontanes Gespräch mit ihr zu führen und daß sie das gesamte „Material“ zu einem Artikel verarbeiten könne.

Chantal erbat sich Zeit, das Geschriebene zu lesen. „Lesen Sie nur“, antwortete er schlicht, „ich gehe währenddessen ein wenig hier auf und ab.“ Solange sie las, schritt er gedankenversunken durch das Zimmer, ohne sie zu unterbrechen. Sie erfuhr, was ihn bewogen hatte, sein Leben dem Studium der Literatur zu widmen: Das Schicksal des Menschen war es, seine Tragik und sein Suchen nach Glück und Ewigkeit, seine Unzulänglichkeit und sein Scheitern, sein Schmerz und seine Trauer, seine grenzenüberfliegenden, unüberwindlichen Versuche zu lieben – alles dies, verdichtet im Wort, der Vergänglichkeit entrissen durch das Medium der Sprache, das war es, weshalb er mit den lebenden und toten Dichtern Umgang pflegte. Die Bücher hoben für ihn gewissermaßen die Zeit auf. Er sah sogar die sonst unüberwindlichen Schranken des Todes in der Literatur außer Kraft gesetzt. Konnte er sich nicht heute in Sokrates' Fragen vertiefen, Pascals „Wette" nachsinnen, oder auch dem Tanz der „Esmeralda" zuschauen und die verzweifelte Liebe Quasimodos miterleiden?

Beim Lesen fühlte Chantal wie die gedankenvolle Gestalt am Fenster mit den Worten zu einer Einheit zusammenwuchsen. Obwohl sie noch miteinander schwiegen, wußte sie, daß sie sich verstehen würden.

Sie trat zu ihm hin, dankte ihm für seine Ausführungen, und sie setzten sich zusammen an einen kleinen Tisch.

„Interessieren Sie lebende Menschen ebenso wie die literarischen Gestalten?" fragte Chantal. Er dachte nach: „Ja, es ist jedoch eine andere Art der Wahrnehmung. Zudem habe ich wohl wirklich viel mehr Zeit mit Büchern verbracht als in Gesprächen."

„Wie würden Sie den Unterschied in der Begegnung beschreiben?"

Er sah sie mit sehr wachem Blick an and untermalte seine Worte mit beinahe zärtlichen Gesten: „Der lebende Gesprächspartner versucht, einen bestimmten Eindruck zu erwecken, gesteuert aus einer Mischung von unbewußten und bewußten Vorgängen. Die literarische Gestalt steht ungeschützter vor dem Leser. Dieser kann ihn gewissermaßen ungehemmter ins Auge fassen. Andererseits ist der Lesende aber auch stärker seinen eigenen Projektionen ausgeliefert. Er deutet Gefühle und Gedanken in die Gestalten hinein, die durch keine Korrektur von seiten des „Betrachteten“ gemildert werden können.“

„Ziehen Sie die Bücher den lebenden Menschen vor?“ fragte Chantal. „Wenn ich auf mein Leben und meine Arbeit zurückblicke, so müßte ich die Frage wohl bejahen. Und doch ist es, entgegen dem Anschein, wohl nicht so. Die Möglichkeit des wahren Glücks liegt für mich in einer Begegnung in Raum und Zeit, so vergänglich und unvollkommen sie auch immer sein mag. Kein Buch kann die Tiefe solcher Erfahrungen ersetzen. Vielleicht ist es so, daß in der Literatur ein unauslotbarer Schatz an Erfahrungen „zugänglich“ ist, während wir eben bei einem lebenden Menschen, aus Respekt und Zartgefühl vor seiner Person, uns in unserem Forscherdrang stark einschränken müssen.“

Chantal fühlte sich beglückt und dankbar für dieses Gespräch. Der Professor und sie verabschiedeten sich herzlich voneinander mit dem Bewußtsein, eine unvergeßliche Begegnung erlebt zu haben.

Kapitel 11 – Neuland

Am Nachmittag fanden noch zwei Vorträge statt, und im Anschluß an das Abendessen wurde ein katholischer Gottesdienst in der Kapelle der Akademie gehalten. Chantal sah, daß Enrico der Messe teils mit wachem Blick, zeitweilig auch mit meditativ geschlossenen Augen beiwohnte.

Die Stühle standen an drei Seiten um den Altar.

Ein paarmal begegneten sich Enricos und Chantals Augen, denn sie saßen sich gegenüber, den Altar in der Mitte.

Nach dem Gottesdienst ging Chantal zum Ausgang des Hauses. Enrico holte sie ein, und Seite an Seite stiegen sie die Treppe hinab. „Ich gehe ein bißchen spazieren, ich brauche etwas Bewegung“, sagte Chantal. „Gehen wir zusammen?“ fragte Enrico. „Gern“, antwortete sie, und sie wandten sich dem nahen Wald zu, der sich im hochsommerlichen warmen Abendlicht vor ihnen öffnete. Längere Zeit wanderten sie schweigend nebeneinander über den unebenen Waldboden. Sie atmeten den Duft des verklingenden Sommertages, in dem der Abendgesang der Vögel in einer zauberischen Melodie erklang. Eine geheimnisvolle Verbundenheit umschloß sie fraglos und sicher. Es war nicht so, als ob sie sich kennenlernten, eher so, als fänden sie sich nach einem langen Weg wieder, auf dem sie sich tiefgreifend verändert hatten. Aber es gab keinen Zweifel – sie waren wie Bruder und Schwester, Freundin und Freund, ein Mann und eine Frau. Sie betraten ein vergessengeglaubtes Land – oder war es unbetreten und nie gekannt? Nur für sie geschaffen und nur für diesen Tag, diese Stunde? Denn nie vorher waren sie so wie heute und nie wieder würden sie so sein. Es gab einzig das Heute zu leben und darüber zu staunen. Sie wollte ihn fragen: „Wer bist Du?" Doch sie brauchte keine Worte, um zu fühlen, daß das Ewige und Unvergängliche für sie in ihm aufleuchtete. Er glich dem Meer, das alle Tiefen in ihr aufrührte und nichts unverwandelt ließ. Er war die Flut, die die Vergangenheit abriß und ein Stück weit fortspülte, damit etwas Neues werden konnte. Sie glaubte, auf den Grund des Wassers zu sinken, fühlte einen neuen Boden unter sich und wurde erinnert an das Erwachen aus schweren Träumen.

Sie traten aus dem Wald heraus, und vor ihnen dehnte sich ein weites Feld, kurz vor der Ernte. Die reifen Ähren wogten sanft im leisen Wind. Die Vögel schwiegen. Enrico legte seine Hand zart auf Chantals Rücken und strich zärtlich darüber hin. vorsichtig streichelten sie sich und sahen sich ernst und entrückt dabei an wie zwei verwunschene Gestalten im Zaubergarten. Und dann flüsterten sie sich Liebesworte ins Ohr, nie gesagte Worte, nur gefunden, um diesen Augenblick zu heiligen, diese vergängliche Stunde, die fortan wie ein nie verlöschender Stern ihr Leben begleiten sollte.

Beide empfanden den andern als ewigen Wert, als unverfügbares Geheimnis, in dem Ich und Du miteinander verschmolzen, ohne zu vergehen. Sie glaubten, nie so eins mit sich selbst, so hellsichtig für den andern, so verbunden mit dem Kosmos gewesen zu sein, nie so nahe die Schwelle des Göttlichen berührt zu haben wie in dieser Nacht ohne Zeit, die sie lebten im Zauber der Seligkeit.

Kapitel 12 – Abschied

Am nächsten Morgen fand ein abschließendes Podiumsgespräch statt, an dem sich alle Referenten des Kongresses beteiligten. Nach dem Mittagessen war die Tagung beendet. Schon mit der Reisetasche über der Schulter begegneten sich Chantal und Enrico noch einmal vor dem Haus. Freude und Glück, Sehnsucht und Schmerz des Abschieds flossen ineinander zu einer unaussprechlichen Empfindung.

„Wir werden uns wiedersehen", sagte Enrico, „ich werde Dich besuchen." „Ich werde Dir im Geiste vieles erzählen, es wird sein, als ob Du da wärest"; antwortete sie. „Ja, nimm' mich mit, auch ich trage Dich in mir, es gibt noch etwas anderes als räumliches Beieinandersein. Vielleicht finden wir, wenn die Zeit uns gereift hat, noch wichtige Einsichten, die nicht nur für uns beide wichtig sind, sondern auch für andere, die wir noch nicht kennen." Er sah sie einige Augenblicke nachdenklich an. Eine Frage schien ihn doch zu beschäftigen: „Du bist doch verheiratet, oder?" Sie sah ihm offen in die Augen: „Ja, und wir haben zwei fast erwachsene Kinder, einen Sohn und eine Tochter. Und Du, bist Du auch verheiratet?" „Nein, ich lebe allein, habe aber seit zehn Jahren eine Freundin. Wir wohnen nicht zusammen. Sie ist Landärztin aus Berufung. Sie sehnt sich nicht nach Erfolg und Ansehen. Sie nimmt sich Zeit für ihre Patienten. Es verbindet uns eine unverbrüchliche

Freundschaft. Aber wir betrachten uns nicht als gegenseitigen Besitz. Wenn ich will, kann ich ihr etwas von Dir erzählen. Viel wird es nicht sein, was ich sagen werde, aber niemand ist je eines andern Eigentum. Sie bleibt unersetzlich für mich, aber auch Du. Leider haben wir kein Kind. Das schmerzt mich manchmal. Ich möchte, daß Du mir einmal von Deinen Kindern erzählst, was Du erlebt und erfahren hast in all der Zeit, die Du sie begleitet hast ins Leben.“ Chantal hörte seine Worte wie entrückt: „Ja, ich glaube sogar, daß mir manches durch Dich noch viel tiefer bewußt wird als je zuvor. Ich denke, daß ich mit Dir über Gott sprechen möchte. Auch mit meinem Mann und den Kindern tue ich das öfters, aber mit Dir ist es doch noch ganz anders. Mir kommen neue Fragen und vielleicht sogar ungeahnte Antworten. Ich hoffe auch, daß wir uns wiedersehen.“

Enrico fuhr, bevor er nach Hause reiste, noch in eine nahegelegene Stadt, um seinen alten Vater zu besuchen. Chantal fuhr sofort zurück.

Bevor sie sich trennten, küßten sie sich mit geschlossenen Augen, streichelten sich noch einmal selbstvergessen über das Haar, fühlten eine unaussprechliche Einheit.

Dann fanden sie zurück in die äußere Wirklichkeit. „Mein Zug nach Norden fährt in einer halben Stunde“, sagte Chantal, ich muß mich auf den Weg machen.“ „Ich bringe Dich gerne zum Bahnhof, wenn Du willst“, sagte Enrico. „Wenn Du willst.“ Sie stiegen in Enricos Auto und fuhren schweigend in die Stadt. Am Bahnhof stieg sie aus.

Noch einmal sahen sie sich an, mitten im Gewimmel der unzähligen Fahrzeuge und fremden Menschen. Ein letztes Lächeln und ein Winken, dann wandte sich Chantal ab und betrat schnell und entschlossen die Bahnhofshalle.

Kapitel 13 – Leo

Die Sommerferien hatten begonnen, die letzten von Leos Schulzeit. Mit Genia bereitete er zwei Packungen Tiefkühlkost zum Mittagessen vor und aß mit ihr. Danach setzte er sich voll Unruhe aufs Rad und fuhr eine Weile durch die Felder und Wiesen. Mit seinem Zeugnis konnte er zufrieden sein. Da es ihn zu den Büchern zog, waren seine Noten in den geisteswissenschaftlichen Fächern überdurchschnittlich. In den naturwissenschaftlichen Fächern ließ sein Erfolg zu wünschen übrig, und das störte ihn auch. Seine mißlungenen Versuche auf diesen Gebieten hatten ihn jedoch – wenn auch widerstrebend – etwas von seinen Grenzen erkennen lassen, und er gab sich Mühe, mit sich ins Reine zu kommen.

Während er mit den Beinen und seinem ganzen Körper gegen den Wind ankämpfte, fühlte er deprimiert, wie Selbstzweifel ihn peinigten. Seine Sehnsucht nach dem Geistigen war so groß, daß er es nur schwer ertrug, wenn ihm etwas verschlossen blieb. Langsam kehrte er um und wandte sich heimwärts. Es begann zu regnen, und begierig setzte er sein Gesicht den kühlen Tropfen aus und ließ sich von ihnen benetzen.

Am Haus angelangt, trug er sein Fahrrad in den Keller, ging in sein Zimmer und begann aufzuräumen. In den letzten Schulwochen hatten sich Bücher und viel Papier übereinandergehäuft, ohne daß er seine Sachen geordnet hätte.

Er beschloß, allein mit sich, über seine Zukunft, insbesondere seinen Beruf nachzudenken.

Schon früher hatte er gern, wenn er ins Grübeln kam, zuerst sein Zimmer „geklärt", manchmal sogar die Möbel anders angeordnet.

Wenn er das Interieur seines Wohnraums mit seinen Vorstellungen in Einklang gebracht hatte, fiel es ihm leichter, auch in seiner Seele mehr Klarheit zu schaffen.

Er setzte sich in seinen Lesesessel und vertiefte sich in seine Gedanken: Was konnte er aus seinem Leben machen? Wo lagen seine Fähigkeiten, seine Interessen? Was wollte er, was konnte er verändern an der gegenwärtigen Welt oder wenigstens in einem kleinen überschaubaren Bereich? Wo konnte er die Erfüllung finden, die darin lag, den Mitmenschen einen sinnvollen Dienst zu erweisen und zugleich etwas zu tun, was auch ihm selbst Freude bereitete?

Was bedeuteten ihm Ehre, Erfolg, Geld? Das Geld erlaubte ein Leben in Selbständigkeit und Freiheit. Ausreichende materielle Mittel garantierten ihm, niemandem zur Last zu fallen und in Unabhängigkeit seine Ideen zu verwirklichen. Er traute sich zu, dies mit einem normalen Einkommen erreichen zu können. Reichtum war es nicht, wonach er sich sehnte. Der Sinn des Erfolges erschien ihm schon schwieriger. Erfolg konnte bedeuten, daß jemand entscheidend war für das Wohl besonders vieler Menschen, daß er wirken konnte über einen engen Kreis hinaus. In diesem Sinne wünschte er sich durchaus Erfolg. Er wußte aber auch, daß gerade diese Wirkung eines Menschen oft nicht meßbar war, daß sie sich im Verborgenen abspielte und selten dem Urheber bekannt wurde.

Andererseits – brachte der Erfolg nicht in die Gefahr, die Fähigkeit zur Selbstkritik zu verlieren?

In welchem Beruf konnte er dem Leben in seiner ganzen Vielfalt begegnen? Zu seiner eigenen Verwunderung dachte er unvermutet an den Beruf des Priesters. Es erstaunte ihn, da er dem kirchlichen Leben schon seit einigen Jahren ziemlich ferne stand. Und doch vertiefte er sich an diesem Nachmittag in die Vorstellungen, die in ihm erwachten. Konnte man nicht in diesem Beruf – vielleicht wie in keinem andern – Menschen mit allen Fähigkeiten seiner Person begleiten, von der Geburt bis zum Tod, im Alltag sowie in Freuden und Leiden. Hatte man nicht als Priester die Möglichkeit, teilzunehmen an den existentiellsten Fragen von Männern und Frauen, auch von Kindern und Jugendlichen, von Gesunden und Kranken, von Klugen und Einfältigen? Konnte man nicht ein priesterlicher Zuhörer, ein gütiger Mitmensch, zuweilen auch ein Berater in mancher Unsicherheit sein? In welchem andern Beruf lag der Zugang zur Teilhabe am menschlichen Schicksal und an der Unergründlichkeit der Seele näher als in diesem?

Leo malte sich Gespräche und Situationen aus mit Menschen, die er kannte und über die er oft schon nachgesonnen hatte und von denen er nur wenig oder kaum etwas wußte. Er stellte sich vor, ein offenes Ohr zu haben nicht nur für Jugendliche – wie ein Lehrer -und nicht ausschließlich für Kranke – wie ein Arzt – sondern für Kinder und Erwachsene jeden Alters und jedes Lebensabschnitts.

Und er könnte versuchen, in großen Augenblicken, an Wendepunkten des Lebens den verborgenen geheimnisvollen Hintergrund des Menschseins ins Wort zu fassen, denen ein Sprecher zu sein, die es von sich aus nicht vermochten; und anderen Feste zu bereiten, in denen das Göttliche aufleuchtet, das sonst unter dem Lärm des Alltags verborgen liegt.

Er könnte die großen Sinnbilder des Lebensweges vollziehen, Profanes und Heiliges in einem Menschen vereinen: den Beginn aus dem Wasser ins Licht, den Kreislauf von Aufblühen und Vergehen, Gott als die Speise der Hoffnung, die Gesten des Erbarmens und des Trostes, die Begleitung auf dem Weg zurück ins Dunkel ... Leo atmete schwer, erwachte wie aus Träumen. War es so? Konnte es so sein oder hing er utopischen Vorstellungen nach, die an der Wirklichkeit zerbrechen mußten?

Das eine war, daß er ohne eine Frau, ohne ein Kind leben sollte.

Er fühlte deutlich, daß das den Verlust von etwas ganz Wesentlichem bedeuten würde. Niemals wollte er freiwillig den unergründlichen Reichtum, die unauslotbare Tiefe erotischen Empfindens von sich abschneiden, die, je tiefer er sie zu erforschen begann, ihn um so köstlicher und kostbarer mit Freude und Staunen erfüllte.

Ein anderer Grund kam ihm in den Sinn, der ihm noch weit schwerwiegender erschien als der erste. Es wurde ihm bald klar, daß er hier dem Anlaß auf die Spur kam, weshalb er, bei aller Religiosität, die er bei sich erkannte, doch der Glaubenspraxis, wie er sie vorfand, so ferngerückt war: Er glaubte nicht daran, daß Jesus Gott war, nicht an die Vorstellung, daß „Gott Vater" durch Jesu Ermordung „versöhnt" werden wollte oder konnte, nicht daran, daß die Gläubigen „wirklich" Jesu „Fleisch" aßen und sein „Blut" tranken, nicht daran, daß nur ein Priester Worte der Vergebung sprechen dürfe im Namen Gottes und am wenigsten daran, daß die katholische Kirche oder irgend eine andere Glaubensgemeinschaft „alle Wahrheit" in ihrem „Besitz" haben könne. Nein, alles dies sah er anders, konnte es also so niemals als Vertreter der Kirche einer andern Person oder Gemeinde mitteilen.

Er dachte es sich vielmehr so, daß etwas vom Geheimnis Gottes in jedem Menschen zu finden sein könnte, daß alle auf dem Weg wären zum Geheimnis des Göttlichen und es niemals zu besitzen wäre.

Dunkel ahnte er auch, daß das, was als allgemeine „Erlösung" bezeichnet wurde, nicht erfahren werden konnte durch ein für alle gesagtes Wort. Er fühlte deutlich, daß jeder Mensch seine eigene persönliche „Erlösung", sein eigenes Heil, sein eigenes Glück finden und erfahren mußte.

Gelang dies nicht, so half das Allgemeine, Kollektive auch nicht. Wenigstens einmal im Leben jedes Einzelnen mußte Erlösung geschehen durch die ganz persönliche Erfahrung von Glück und Angenommensein. Wenn das nicht geschah, so half kein Gottesdienst und wurden die Zeichen hohl und welk.

Leo fühlte sich mit einem Mal heimatlos und allein. Es war ihm, als ob die Kindheit endgültig von ihm abfiele und er schutzlos dem Sturm preisgegeben wäre. Seine Existenz erschien ihm fragwürdig bis in die Tiefe. Statt einer Antwort auf der Suche nach seinem Weg sah er sich neuen ungelösten Fragen gegenüber. Statt einen Schritt weit nach vorne gehen zu können, suchte er mühsam nach einer neuen eigenen Sicherheit in seiner Seele, die ihm Halt geben könnte.

Kapitel 14 – Schattenspiele

Am Sonntagnachmittag, an dem Chantal sich auf der Heimreise von der Literatur-Tagung befand, saß Manuel in seinem Arbeitszimmer, umgeben von einer ansehnlichen Zahl von Briefmarken, die er ordnete und betrachtete, um sie in Alben aufzubewahren. Die Miniatur-Bilder von berühmten Personen, Kunstwerken, Städten, Symbolen und Ereignissen entzückten ihn und versetzten ihn in eine Welt, die ihn aus dem strapaziösen Bank-Alltag mit den aufreibenden Kundengesprächen, die häufig auch Anteilnahme an privaten Angelegenheiten von ihm verlangten, herauslöste. Sein Zimmer glich in Ordnung und Sauberkeit seiner Sammlung, und er bestand darauf, es selbst aufzuräumen, da er fürchtete, daß man sonst seine Marken beschädigen könne. Beim Sichten und Ordnen hörte er gerne Musik von Händel und Beethoven. Wenn seine Familie abwesend oder beschäftigt war, zog er sich in seiner Freizeit oft in seinen Bereich zurück und baute seine Sammlung aus. Als die Kinder klein waren, hatte er im Winter, manchmal über mehrere Monate hinweg, eine elektrische Eisenbahn auf dem Boden seines Zimmers aufgebaut und mit Genia und Leo damit gespielt. Nun, da sie im Begriff standen, erwachsen zu werden, blieben die Kisten mit den Bauteilen im Schrank verborgen, und selbst in seinen Gedanken rührte er nur selten daran. Das Kinderlachen, die von Phantasiewelten erhitzten Gesichter, die hellen fröhlichen Stimmen waren für immer verklungen und einer jugendlichen Distanz gewichen, die er kannte und begrüßte und die ihn dennoch schmerzte, weil er fühlte, wie ein Stück seines Lebens damit bereits auf dem Strom der Zeit dahingeschwommen war und nicht zurückkehrte. Nur die Erinnerung ließ die kleinen Kinder wieder in seiner Vorstellung aufleben. Doch auch die Erinnerung verblaßte, und manchmal wunderte es ihn, wenn Leo oder Genia von einem Ereignis sprachen, das seinem Gedächtnis völlig entfallen war. Es kam sogar vor, daß selbst die Schilderung der Jugendlichen es nicht wieder zurückzurufen vermochte.

Er war nun 47 Jahre alt, seine Augen begannen, schwächer und seine Haare grau und gelichtet zu werden.

Gerade löste er einige Briefmarken aus Indien ab und legte sie auf einen sonnigen Fleck auf dem Tisch zum Trocknen, als Chantal hereinkam. sie sahen sich an, umarmten sich, küßten sich auf die Wangen und begrüßten sich lächelnd.

„Schön, daß du wieder da bist, war es interessant?" fragte Manuel. Chantal setzte sich auf Manuels Lesesessel und betrachtete ihren Mann, wie er dort saß an diesem Sonntagnachmittag im Sommer. Ihr Blick streifte sein helles Hemd, die Jeans und Sandalen und kam zur Ruhe in seinem Gesicht, das er ihr erfreut zuwandte. Während sie ihm versonnen antwortete: „Ja, es war sehr aufschlußreich und anregend", überlegte sie plötzlich und unvermutet, was sie eigentlich wisse von ihm und er von ihr. Sie erinnerte sich daran, daß sie sich früher in Jugendtagen vorgestellt hatte, daß sie ihrem Mann einmal, im Laufe der gemeinsamen Jahre, alles von sich erzählen wolle und dachte sich auch, ebenso tief in seine Seele zu blicken. Jetzt wurde ihr bewußt, daß sie es nicht getan hatte, daß vieles ungesagt geblieben war. Als junges Mädchen hatte sie geglaubt, daß das Vertrauen auf der „Durchsichtigkeit" des Partners beruhe und sie wollte auch selber durchscheinend sein für ihn. Nun schien es ihr mit einemmal kindlich und töricht, so zu denken. Kam es daher, weil sie die Begegnung mit Enrico vor ihm verbergen wollte? Wollte sie das denn? Würde sie nicht sogar gern von ihm erzählen? Wußte sie, was Manuel dabei empfinden würde, wie er darauf reagieren würde? Hatte sie ihn „betrügen" wollen, oder demütigen und beschämen? vielleicht, weil er ihr langweilig geworden war? Sie dachte an das alte Gebot, (das allerdings in diesem Sinn nur für Frauen galt!), daß man die Ehe nicht „brechen" dürfe. (Wollten die Alten, die das Gebot erlassen hatten, vielleicht die einzigen „Götter" der Familie sein? Wie war es nun wirklich – für sie? Manuel war ihr unverbrüchlicher Freund, ein Vertrauter, mit dem sie nicht nur die Zahl der Jahre und die gemeinsamen Kinder verband, auch nicht allein die Zärtlichkeit, sondern am meisten der tägliche spontane Gedankenaustausch, die Korrekturen, das langsame Reifen miteinander über Jahre hinaus. Nein, sie hatte ihm nicht wehtun wollen. Das war es gewiß nicht.

Und Enrico? Er war wie eine Sturmflut hereingebrochen, unerwartet und hatte ihre Seele überflutet. Es war ihr, als ob sie lange auf diese Flut gewartet hätte und sie nun brauchen würde, um leben zu können. Es war anders als man ihr beizubringen versucht hatte. War es nicht möglich, daß Manuel sie sogar verstand? Oder brauchte er es, der immer einzige „Gott“ im Leben seiner Frau zu sein?

(War womöglich sogar die Monotheismusforderung des Judentum der Niederschlag des Wunsches nach Alleinherrschaft des Vaters in der Familie?)

Manuels Wert für sie war geistig, zärtlich und erotisch. Sie brauchte ihn nicht als ihren Ernährer. Sie verdiente ihren Lebensunterhalt selbst und bestand auch darauf. Sie wollte, daß jede menschliche Beziehung nur im Geistigen wurzelte, niemals einen materiellen Grund haben sollte. Das war unabdingbar. Daher gab sie sich viel Mühe in ihren beiden beruflichen Tätigkeiten als Bibliothekarin und freie Journalistin, weil sie in der Gesellschaft und für sie einen Dienst erfüllen wollte, der auch ihre eigenen materiellen Bedürfnisse sicherte.

Aber ein Freibrief war das wiederum nicht. Hatten nicht die vielen Menschen recht, die seit Jahrtausenden die Ausschließlichkeit einer erotischen Beziehung vorschreiben wollten? Zum andern zeigte die Literatur und die Geschichte, daß dies nicht gelungen war.

Woran lag es, daß mancher mehrere Menschen liebte? Warum verging der Zauber der Seligkeit und warum suchte ihn mancher in einer neuen Beziehung? Wie konnte man damit umgehen? Waren vielleicht die Konflikte zu schwerwiegend, die sich zwangsläufig daraus ergaben, sodaß man der Einfachheit halber lieber durch Verbote davon abriet? Wer war stark genug, den Absturz zu ertragen, der sich ereignen mußte in einem Leben voll solchen Wagnisses? Denn nicht jede Liebe konnte Erfüllung bringen und manche mußte vielleicht in wenigen Begegnungen schon alles entfalten, was möglich war.

Diese Gedanken zogen durch ihren Sinn, als Manuel sie fragend ansah und bemerkte: „Du bist ja so schweigsam. Was ist dir denn widerfahren, das dir die Sprache verschlägt? Sonst erzählst du doch immer so unaufhaltsam, wenn du ein paar Tage verreist warst.“ Ihr Gesichtsausdruck zeigte Erstaunen und Versunkenheit als sie antwortete: „Vielleicht habe ich diesmal so viel erlebt, worüber ich noch nachdenken muß. Wollen wir erst einmal essen? Es ist ja schon Zeit zum Abendbrot. Habt ihr ein paar Lebensmittel besorgt? Ich decke mal den Tisch.“

Genia verbrachte den Tag mit Musizieren bei einer Freundin und wollte erst am späteren Abend zurückkommen. Leo hatte grübelnd und lesend in seinem Zimmer gesessen und kam nun auch zum Essen. So saßen sie zu dritt am Tisch, und Chantal erzählte nun von der Tagung, von den Gedanken, zu denen die Vorträge und Menschen sie angeregt hatten, von dem abendlichen Gespräch und auch von Enrico, von dem sie mitteilte, daß sie sich besonders gut mit ihm verstanden habe. Leo interessierte sich besonders für Victor Hugos Gefühlswelt, und so vertieften sie sich immer mehr in die Literatur.

Manuels Welt waren die Bücher nicht. Eine Weile noch hörte er dem sich vertiefenden Gespräch seiner Frau und seines Sohnes zu, dann begannen seine Gedanken abzuschweifen, zu seinen Briefmarken und zu den Bankgeschäften, die in der nächsten Woche auf ihn warteten. Er stand schließlich auf, ging ins Nebenzimmer und schaltete die Tagesnachrichten im Fernsehen ein. Chantal und Leo waren so gefesselt von ihrem Gedankenaustausch, daß sie erst nach einiger Zeit dazukamen.

Chantal nahm kaum etwas von dem auf, was die Sprecher sagten. Die Bilder tauchten auf und verschwanden, zeigten Menschen und Ereignisse, die sie nicht erfaßte. Enrico stand vor ihr, sah sie an, und das so lange vergessene Gefühl staunender Zärtlichkeit hüllte sie wieder ein. Wo war er nun, in diesem Augenblick?

Er war ihr nahe, wo immer er auch körperlich sein mochte. Keine Entfernung und auch kein Weltall konnten ihn von ihrer Seele trennen.

Um dieser Verbundenheit willen müßte es eine Unsterblichkeit geben, dachte sie. Manchmal schenkt das Leben die Möglichkeit, den unermeßlichen Wert eines Menschen zu erahnen. Galt diese Erkenntnis nicht dann auch für alle Menschen?

Sie hatte den Eindruck, als flöge sie sicher und ruhig über das Land, wie sie es in einigen glücklichen nächtlichen Träumen vermocht hatte. Wie ein Vogel fühlte sie sich, wie eine Schwalbe im Sommer, hoch im Blau des Himmels. Sie wußte, daß der Flug nicht für immer dauern konnte, daß sie wieder landen mußte.

Sie packte ihre Reisetasche aus, stellte die Waschmaschine an, räumte ihre Sachen weg und bereitete sich auf ihre morgige Arbeit vor. Vormittags würde sie in die Bibliothek gehen, danach die nötigen Hausarbeiten erledigen und am Nachmittag das Interview für ihre Zeitung fertigstellen.

Da fiel ihr wieder die Weltraumfahrt ein. Morgen ist der letzte Termin, dachte sie. Ich muß Manuel fragen, was er darüber denkt.

Er saß vor dem Fernseher und schaute sich einen Film an. Sie wollte ihn nicht stören, fragte aber doch vorsichtig: „Wann ist der Film denn zu Ende?“ Er sah auf die Uhr, überlegte einen Augenblick und antwortete dann: „In 20 Minuten.“

Sie dachte sich ein Mittagessen für morgen aus, suchte sich Kleider und räumte die Küche auf. Dann ging sie zu Manuel und fragte ihn: „Was hälst du davon, wenn ich mich zur Teilnahme an einer Weltraumfahrt bewerbe? Ich glaube, ich habe dir vor einiger Zeit schon davon erzählt?“

„War das denn wirklich dein Ernst? Ich habe das für Spaß gehalten. Fürchtest du dich denn nicht davor? Ich selbst hätte dazu weder Mut noch Lust.“

Chantal fühlte eine überraschende Entschlossenheit. Sie wollte nicht mehr lange nachdenken, wußte aber, daß sie sich dafür entscheiden wollte, sich schon entschieden hatte, es sei denn Manuel würde ernsthafte Einwände vorbringen. Das tat er aber nach seiner Gewohnheit nicht. Er schien nur sehr verwundert, fast verblüfft. „Wenn du es wirklich willst, dann versuche es, wir werden ja sehen, ob sie dich nehmen."

Mit grüblerischem Gesicht erwiderte sie noch: „Ja, ich hoffe, daß sie mich nehmen. Morgen schreibe ich den Brief und schicke ihn ab. Jetzt bin ich aber müde und gehe schlafen."

„Ich auch", sagte Manuel mit leicht ironischer Miene.

Kapitel 15 – Gott und das Leben

Vier Wochen waren seit jenem Tag vergangen. Chantals Interview mit dem Romanistik-Professor war in der Samstags-Ausgabe ihrer Zeitung erschienen, und sie hatte sogar einige anerkennende Briefe von Lesern erhalten. Als nächstes plante sie ein Gespräch mit einer ihr seit langem bekannten 90jährigen Frau sowie zu Beginn des Schuljahres ein Gruppengespräch in einer 9. Gymnasialklasse. Sie hatte rechtzeitig ihre Bewerbung für die Teilnahme an der Weltraumfahrt eingereicht, und es blieben ihr nun noch zwei Monate des Wartens bis zur Mitteilung, ob sie in die nähere Auswahl und damit zu Tests und Gesundheitsuntersuchungen eingeladen würde.

In der Bibliothek ging es in den Schulferien ruhiger zu. Viele Leute befanden sich auf Reisen. Die Stadt, wo Chantal wohnte, war kein Urlaubsort, da der Weg zum Meer nicht nahe genug war.

Manuel und Chantal wollten in drei Wochen für vierzehn Tage Urlaub nehmen, von denen sie eine Woche mit einer Reisegruppe in Italien verbringen wollten. Die zweite Woche wollten sie jeder allein mit persönlichen Interessen gestalten.

Chantal vergrub sich in ihre Arbeit. Einige Tage nach dem Absenden des Bewerbungsschreibens wurde sie getragen von einer fast kindlichen Freude und übermütigen Erwartung. Es war ähnlich wie in ihren Kinderjahren, wenn sie am jährlichen Volksfest voll wilden Jubels auf den Rummelplatz rannte, für den ihr die Mutter ein paar Groschen zum Karussellfahren zugesteckt hatte. Sie träumte von einem ungeahnten, unausdenklichen Erlebnis, wünschte mit aller Heftigkeit, dieses Ziel zu erreichen. Ebenso ungetrübt fühlte sie sich verbunden mit Enrico, als lebte er schweigend an ihrer Seite, ginge alle Wege mit ihr, sprach zu ihr und hörte ihr zu. Mit Manuel fühlte sie sich verschwistert, nur schien er etwas in die Ferne gerückt. Sie zweifelte aber nicht daran, daß sie und er vieles auf ihrem Weg teilten. Doch das Bewußtsein wurde klarer, daß es für sie nicht nur einen vertrauten Menschen gab, der alle andern ausschloß.

Unmerklich und unaufhaltsam verwandelte sich die Vorfreude auf die Weltraumexpedition und glitt in eine Stimmung voll Zweifel und Fragen. Immer häufiger ertappte sie sich beim Grübeln und selbst die zärtliche Verbindung mit Enrico konnte die Bangigkeit und Unsicherheit nicht aus ihrer Seele vertreiben. Sie hatte begehrt, so weit wegzufliegen von der Erde, wie es früher keinem Menschen möglich gewesen war. Nun sah sie, daß sie die Menschen stattdessen in fühlbarere Nähe gerückt empfand als zuvor. Sie nahm sich mehr Zeit für die seltener gewordenen Leser der Urlaubszeit, hörte ihnen aufmerksamer zu. Und die Nachrichten am Abend, die Gesichter der fernen Unbekannten bewegte sie tiefer als zuvor. Sie begann sogar zu zweifeln am Sinn ihres Wunsches, forschte in ihrem Inneren nach möglichen unlauteren Motiven, suchte womöglich nach einem Grund, den Antrag rückgängig machen zu können.

Sie wunderte sich über diesen Umschwung. Kam es daher, daß sie seit ihrem 40. Geburtstag intensiver und bewußter leben lernte? Hatte sie Angst, gerade jetzt ihr Leben zu verlieren? Jetzt, wo sie mehr als früher bei sich selbst heimisch wurde und sich darin übte, ihren Gefühlen und Erfahrungen bis in die Tiefe nachzuspüren?

Öfters machte sie sich auch klar, daß sie mit ihrer seelischen Berg- und Talfahrt schon einen Vorgeschmack auf die Aufgabe erhielt, um deretwillen ja die Organisation einen sensiblen und schreibfähigen Menschen ins All schicken wollte.

So spann sie ihre Gedanken weiter, wühlte sich mühsam durch das Dickicht und Durcheinander, das dabei manchmal in ihr entstand und wanderte mit Erleichterung und Beruhigung durch die langsam heller werdenden Räume ihrer Seele. Sie hatte nicht erwartet, daß die Entscheidung für eine solche Unternehmung, die zwar erst zwei Jahrzehnte möglich, aber doch schon erprobt war, zu solchen Veränderungen in ihr Anlaß sein könnte.

An einem Donnerstagnachmittag, fünf Wochen nach ihrem Antrag und nur einige Tage vor ihrer Abreise nach Italien erfaßte sie der sehnliche Wunsch, mit Enrico zu sprechen, vielleicht nicht einmal über die Weltraumfahrt und den Aufruhr, den sie in ihr ausgelöst hatte, sondern über das, was ihr am wichtigsten war im Leben.

Seit ihrem Abschied von ihm nach der Tagung hatte sie ihn nicht wiedergesehen und doch sich geheimnisvoll ihm nahe gefühlt, wie verbunden mit seiner Seele durch denselben Atem.

Sollte sie es Manuel erzählen oder nicht? Sie entschloß sich, es zu tun. Noch am Nachmittag rief sie Enrico an und bat ihn um ein Gespräch. Seine Stimme klang wie aus großen Tiefen, zart, wissend und voller Festigkeit. Sie glaubte, sein Lächeln zu sehen, seine Gestalt, seine Augen, die die ihren berührten.

Er überlegte ein wenig und fragte sie dann, ob sie am Freitag um 16 Uhr kommen wolle. Eine Flut des Glückes stieg in ihr auf. Es fiel ihr schwer zu sprechen.

„Ja, ich freue mich sehr", sagte sie schließlich mit veränderter Stimme.

„Ich mich auch. Bis morgen also." „Auf Wiedersehen Enrico."

„Bis bald, Chantal."

Beim Abendessen erzählte sie Manuel, daß sie morgen zu Enrico fahren und mit ihm sprechen wolle.

Manuel horchte verwundert auf und sagte: „Es scheint euch ja etwas Geheimnisvolles zu verbinden. Oder hat dich dein „Weltraumprojekt" nun doch in Unruhe gestürzt und du suchst nach einem fremden Berater?"

„Ganz Unrecht hast du nicht", gab sie zu, „aber auch davon abgesehen, ich habe mich so gut mit ihm verstanden, daß ich gern noch einmal mit ihm sprechen möchte. Ich hoffe, es macht dir nichts aus?"

Manuel sah gedankenvoll zu ihr hin. „Ich kenne dich doch schon so lange, du bist ein Mensch des Meeres, anders als ich. Ich selbst würde eher ins Gebirge passen. Ich bin ruhiger und beharrlicher. Ich schlage eher Wurzeln. Du bist wie ein Vogel, der in Sturm und Regen, bei Kälte und Hitze über die Wogen fliegt, in sie eintaucht und sich aus ihnen löst. Du erlebst das Leben als Ebbe und Flut, als Trockenheit und Überschwemmung. Ich verstehe dich schon und halte dich nich fest. Ich weiß, daß du mich magst und zu mir zurückkommst."

Chantal war so sehr bewegt, daß die Tränen in ihr hochstiegen. „Wie weise du bist. Ich wußte nicht, daß du mich so gut kennst. Ja, ich komme zurück zu dir."

Sie streichelte ihn zärtlich über Kopf, Schultern und Rücken, und er erwiderte ihre Liebkosungen mit ernstem Gesicht.

Am nächsten Nachmittag fuhr sie mit dem Auto zu Enrico. Es war nun Anfang August, die Felder waren gerade abgeerntet. Sonne und Hitze durchfluteten die Luft. Das Grün der Sträucher zwischen den Feldern war schon ein wenig verblaßt. Staub lag auf den Blättern, und die Erde sehnte sich nach Regen. Es herrschte nur mäßiger Verkehr auf der Straße, über die Chantal ihr Fahrzeug steuerte.

Sie gab sich Mühe, aufmerksam zu sein, obwohl ihre Gedanken ihrem Weg vorauseilten und sie sich Enricos Behausung in ihrer Phantasie ausmalte. Immer wieder reizte es sie, wenn sie im Begriff stand, eine unbekannte Umgebung kennenzulernen, diese zu vergleichen mit dem Vorstellungsgebilde, das sie sich zuvor davon gemacht hatte.

Als sie in Enricos Wohnort hineinfuhr, fielen ihr zuerst die unter hohe Bäume an den Boden gekauerten, sorgsam gepflegten Häuschen auf, die zumeist nur ein Stockwerk besaßen, als wollten sie vor den Stürmen des nahen Meeres Zuflucht suchen. Da der Ort klein war, fand sie bald das Haus und bemerkte auch das Schild, von dem er bei dem Abendgespräch auf der Tagung gesprochen hatte. Er öffnete nicht sofort, als sie läutete. Dann kam er mit einer Frau mittleren Alters heraus, der viele Fragen ins Gesicht geschrieben waren, die aus Schmerz und einer leisen, wiedererstandenen Hoffnung aufstiegen.

Er nickte dieser Frau noch einmal voll Güte und Ermunterung zum Abschied zu.

Dann kam ein freudiges Lächeln über ihn, als er Chantal sah. Wie überrascht voneinander gaben sie sich die Hand, und er bat sie hinein.

„Sei gegrüßt! Entschuldige, daß ich dich einen Augenblick warten lassen mußte. Diese Frau bat mich heute Morgen noch um ein Gespräch. Sie hat es im Augenblick sehr schwer, und ich glaube, es war sehr wichtig für sie, daß sie die Möglichkeit hatte, ihre Gefühle und Gedanken ein wenig zu ordnen. – Aber nun habe ich Zeit. Es ist schön, dich wiederzusehen."

Er führte sie in sein Arbeitszimmer, und sie war sofort freudig angerührt von der geistvollen und persönlichen Atmosphäre, die es ausstrahlte. An allen vier Wänden sah sie Regale mit Büchern, die bis zur Decke reichten. Am Fenster, das sich zu einem kleinen Garten mit einer hohen Birke und einem jungen Ahornbaum öffnete, stand ein Schreibtisch, auf dem Schreibzeug und aufgeschlagene Bücher ein wenig kunterbunt beisammenlagen. Auf der linken Seite breitete ein Farn seine Blätter wie ein Feuerwerk aus. Am einladendsten empfand Chantal die „Sprechecke", die an der dem Fenster entgegengesetzten Seite des Zimmers eingerichtet war. Eine gepolsterte Bank stand dort im rechten Winkel angeordnet mit einem Tisch davor, auf dem Bücher und Zeitungen zu finden waren.

Enrico holte zwei Gläser und eine Flasche Wasser.

„Du kannst bei der Hitze bestimmt eine Erfrischung vertragen", sagte er.

„Danke, gern."

Dann saßen sie sich schweigend und ernst gegenüber, berührten sich vorsichtig mit den Augen und versuchten, sich aufeinander einzustimmen. Er ermunterte sie nicht, lächelte auch nicht, aber sie fühlte, daß er sich mit ungeteilter Aufmerksamkeit in sie einfühlte. Sie selbst nahm seine sensible Seele wahr und faßte wieder Vertrauen zu ihm. Dennoch befiel sie eine mit Sehnsucht verwobene Angst, die sie mehrere Minuten am Sprechen hinderte.

Langsam sammelte sie sich und fand den Mut zu beginnnen. „Ich möchte dir einige Gedanken mitteilen, die mich oft beschäftigen. Ich wäre froh, sie einmal gerade dir sagen zu können."

Er ermutigte sie nur mit einem kaum merklichen Nicken des Kopfes und einem bejahenden Lidschlag.

„Ich fage mich oft, warum es uns Menschen überhaupt gibt und dann natürlich, wozu ich persönlich lebe. Wozu all die täglichen, vielfältigen, vielschichtigen Gefühle, wofür alle Gedanken, wofür alle Leiden, alle Freuden, alle Entwicklung, wenn wir doch sterben und verschwinden, als hätte es uns nie gegeben? Wie soll ich mich damit abfinden, daß mein Leib, der Lust und Schmerz empfindet, wieder zu Erde wird? Ist es die Gewißheit des Todes, die mich an Gott denken läßt? Haben sich die Menschen der Vorzeit aus Verzweiflung über die Vergänglichkeit Götter „erfunden"? Ich habe entsetzliche Angst vor Krankheiten. Um nichts möchte ich eine tödliche Krankheit bekommen, weit eher noch würde ich, wenn es denn sein muß, plötzlich, ohne Vorwarnung sterben, in der Hoffnung und im Bewußtsein, daß ich über einen dunklen Abgrund hinweg in eine neue, unbekannte Welt Einlaß finde. Mir scheint, Gott ist für mich eine Hypothese, aber eine, die wie unweigerlich, unabdingbar aus meiner Seele sich ergibt. Ich kann mir nicht vorstellen, daß nach den paar Jahrzehnten, die das Leben ausmacht, alle begonnenen Entwicklungen und Möglichkeiten, diese ungeheure Erweiterung des geistigen Horizontes, mit dem Tod abgebrochen und vernichtet werden sollte oder könnte. Es erscheint mir einfach absurd, wenn ein so sehr geistiges Leben wie unser menschliches, nur für die wenigen diesseitigen Jahre geboren werden sollte. Ich kann doch gar nicht alles „fertiglernen", was mich interessiert! Genau besehen bleibt alles bruchstückhaft, selbst das, wobei ich, so gut es mir möglich war, in die Tiefe gegangen bin!"

Sie sah ihn an mit einem leidenschaftlichen, fast wilden Blick, in dem alle Fragen und Gefühle qualvoll und glückhaft aufleuchteten. „O, Enrico", stieß sie hervor, „ich möchte alles, was ich erleben kann, mit aller Kraft, mit ganzer Intensität erleben, jede Blume am Wegesrand möchte ich im Gedächtnis behalten und kann es doch sicher nicht. Jede Wolke und jeder Sonnenuntergang am Meer soll in meiner Seele ewig unvergessen sein. Und wieviel mehr mancher Mensch! Warum bin ich dir begegnet? Du bist mir so vertraut und so nah! Ich bin so glücklich mit dir, wie immer wir auch zusammen sind, ob du mir zuhörst, ob du sprichst oder ob wir uns körperlich berühren. Was tiefer ist, weiß ich nicht zu sagen. Auge in Auge mit dir zu sitzen und die Seele sprechen zu lassen, ist nicht weniger als das, was man gemeinhin Zärtlichkeit nennt." Enrico nahm ihr heißes erregtes Gesicht in sich auf. Der Augenblick erschien ihm so köstlich, daß die Zeit unterzugehen schien und etwas Ewiges in ihr aufstrahlte.

„Chantal“, sagte er sehr leise, „es ist so schön, daß du da bist.“Er war voll Verwunderung und Staunen über die Unvorhersehbarkeit dieser Begegnung.

„Enrico“, sagte sie plötzlich und ohne Nachdenken, „ich möchte jetzt hier mit dir tanzen, nur ein wenig, o, das wäre der größte Traum.“

Enrico lächelte überrascht. „Hier jetzt tanzen? Aber ich habe hier nur einige Kassetten mit klassischer Musik, nichts, was sich zum Tanzen eignen könnte.“

„Das macht nichts. Mir fällt ein Lied ein, ich summe es dir leise vor.“

„Du bist wie ein spielendes Kind, voll Phantasie.“

Sie berührte sanft seine Hand, und sie standen auf und wagten kaum, sich in den Bannkreis des andern zu begeben. Vorsichtig und tastend näherten sich ihre Hände einander und während er wie schwebend den rechten Arm um sie legte, begann sie ein schwermütig romantisches Lied zu summen. Wie Schlafwandelnde fanden sie traumverloren den Rhythmus ihrer gemeinsamen Bewegung. Nur ein einziger Lebensatem durchströmte sie.

„Fühlst du, daß in diesem vergänglichen Augenblick unzerstörbare Ewigkeit ist?“ fragte sie in seine Augen.

„Ja, Chantal, es wird uns niemals verlorengehen. Vielleicht ist es das, was Menschen erfahren müssen, um auf Gott zu kommen und darauf, daß jenseits des Todes ein neues Leben erwacht.

Wenn wir Augenblicke füreinander schaffen, die es wert sind, niemals unterzugehen, so erwächst daraus vielleicht eine Hoffnung, die uns über den dunklen Abgrund trägt."

„Ja, so könnte es sein", sagte Enrico, „wir können uns nicht zu Hause fühlen im Äußerlich-sichtbaren, immer verwandeln und deuten unsere Gefühle und Gedanken das, was wir sehen und erfahren. Und ich denke, selbst wenn wir Gott wirklich „erfunden" hätten und es gäbe ihn nicht, so wäre unser Leben ins Ewige und Unendliche ausgeweitet und geöffnet. Sollte nicht Gott unser Schöpfer sein, sondern wir die Schöpfer Gottes, so wäre doch dies in meinen Augen ein größerer Reichtum und eine tiefere Chance zu leben als mit der Vorstellung, die dunkle Tür unserer Endlichkeit als letzte Falle zu betrachten."

„Es ist, als könntest du in meiner Seele lesen, Enrico, diese „Verwandtschaft" haben wir wohl beide gefühlt. Wir brauchen uns nicht oft zu sehen, es ist gut zu wissen, daß es dich gibt." „Ja, Chantal, auch wenn du mir fern bist, bist du mir nahe. Es gibt eine Verbundenheit, die unzerstörbar ist.

Seitdem ich die Idee mit den Sprechstunden verwirkliche, kommen viele zu mir, die Klärung ihrer Gefühle und Erleichterung ihrer Schmerzen erfahren, wenn sie sich hier aussprechen dürfen. Ich glaube, daß das mein Weg ist. Ich möchte aber auch meine Schüler daran teilnehmen lassen. Auf einer Reise, die ich in den nächsten Tagen alleine machen werde, will ich nach einer praktizierbaren Möglichkeit dafür suchen."

„Du fährst also auch fort, Enrico", sagte Chantal, ich verreise auch mit Manuel, und auch jetzt will ich zurückfahren."

Sie fühlte ihre Seele überströmt von Freude und zugleich zerrissen von Schmerz, und sie wollte beides, das ganze reiche Leben.

Einen langen Augenblick noch lagen sie sich in in den Armen, fühlten sich ganz, nahmen das Glück aus den Händen des andern entgegen. Dann trennten sie sich und wußten doch, daß sie Licht und Wärme füreinander bleiben durften.

Kapitel 16 – Genia

Es war früher Abend, als Chantal die Heimfahrt antrat. Der Verkehr des Feierabends und Wochenendes hatte sich schon fast beruhigt.

Trotzdem fiel es Chantal schwer, sich auf das Fahrzeug und die rasch wechselnden Situationen auf der Straße zu konzentrieren. Der Abschied von Enrico schmerzte sie mehr als sie erwartet hatte.

Dann wieder brannte die Beseligung der Begegnung wie ein Feuer in der Mitte ihres Wesens auf und erwärmte sie ganz. Dann dachte sie auch wieder an Manuel und an die Heimat und Freiheit, die er ihr gab.

Was gebe ich ihm? Was sucht er bei mir? Ich will es aufs neue herausfinden, nahm sie sich vor.

Wie erklärt es sich, daß man sich im Laufe des Lebens zu verschiedenen Menschen hingezogen fühlt? Welche verborgenen Quellern beginnen zu fließen und zu leben beim Zusammentreffen mit einigen wenigen, durch die das Leben wie neu beginnt? Enrico schien ihr ein Schwebender zu sein, einer, durch den das Transzendente erfahrbar wurde. Wenn sie ihn sah, konnte sie nicht glauben, daß er jemals sterben könne. War er nicht vielzusehr Geist und Seele und Güte? Berührte er den Boden, wenn er ging? Sie hatte seine Hände und sein Herz zu berühren gemeint und wußte doch, daß bei aller Nähe, die er schenken konnte, er doch immer sich wieder entzog ins Unzugängliche. War das nicht gerade sein Zauber? Der Funke des Ewigen in seiner Person? War es nun Schmerz oder Glück, was in ihr brannte? Litt sie unter dem Abschied oder war er ihr hier so nahe wie dort in seinem Zimmer? Die Widersprüchlichkeit ließ sich nicht auflösen, das Geheimnis seiner Persönlichkeit erfüllte sie.

Aber auch Manuel war ihr nahe, wenn auch ganz anders als Enrico. Manuel war der Freund und Bruder im Alltag, mit dem sie die oft mühselige und zuweilen fröhliche Wanderung auf dem festen Boden des Lebens und über die Steine auf dem Weg teilte. Der Faden ihres Gespräches wurde täglich neu aufgenommen, und manchen Knoten und manche Verwirrung hatten sie schließlich aufgelöst und waren gereift miteinander. Vater und Mutter waren sie miteinander geworden in jungen Jahren und wunderten sich heute manchmal über den Mut, in dem sie damals Leben wecken konnten in instinkthafter Zuversicht. Jetzt, da die Kinder herangewachsen waren, fühlten sie beide einen Schmerz, den sie nicht gerne antasten wollten und jeder auf seine Weise, am liebsten zugedeckt hätten unter der Geschäftigkeit der täglichen Verrichtungen.

Plötzlich dachte sie an Genia und eine Flut heißer, unentrinnbarer und unentwirrbarer Gefühle stürzte unvermutet auf sie ein. In diesem Augenblick bremsten mehrere vor ihr fahrende Autos, und es gelang Chantal nur mit Mühe, ihr Fahrzeug in ihrer Gewalt zu behalten. Erschrocken und aufgewühlt erfaßte sie der Wunsch, die Straße zu verlassen und eine Weile allein zu sein.

Sie fand einen Weg, bog ein, stieg aus und wanderte zwischen den abgeernteten Feldern bis zu einem Bach, an dessen Ufern Weiden ihre Äste im Wasser spiegelten. Sie setzte sich ins Gras, sah wie die Sonne und der Horizont sich langsam einander näherten und wurde noch stärker als zuvor vom Strudel ihrer durcheinanderwirbelnden Gefühle erfaßt.

Genia war vor vierzehn Tagen mit einer Gruppe von Jugendlichen auf die Nordseeinsel Borkum gefahren, wo sie den Umgang mit Ton und die künstlerische Gestaltung von Tieren und Menschen aus diesem Material einüben wollten. Chantal hatte sie mit dem Auto nach Emden zum Hafen gebracht, wo die Gruppe sich zur Überfahrt traf. Chantal sah die Jungen und Mädchen wieder vor sich, wie sie dort standen in ihren Jeans und T-Shirts, ihre Nylon-Rucksäcke und Reisetaschen in den Händen und neben sich. Die Haare der Mädchen wehten im Seewind, und die Augen der Jungen sahen zu dem großen Schiff hinüber, das bereitstand zur Fahrt auf das Meer. Doch bevor sich Chantal die Abfahrtsszene vergegenwärtigte, stieg ein anderes Bild aus ihrer Erinnerung auf und verdrängte das vorige.

Es war am letzten Abend vor Genias Abreise. Chantal saß in ihrem Zimmer mit einem psychologischen Buch und versuchte, teils verstandesmäßig, teils emotional-meditativ sich mit dem Inhalt des Buches zu konfrontieren. Genia kam herein und fragte:

„Weißt du, wo Hermann Hesses „Narziß und Goldmund“ steht?“

„Nein, aber wir werden es schon finden“, antwortete Chantal, „du weißt ja, daß ich zu Hause meine Bücher kaum ordne, vielleicht weil ich es in der Bibliothek so genaunehmen muß.

Dieses Buch habe ich schon länger nicht in der Hand gehabt.“

Sie sahen zusammen die Reihen der Bücher in den Regalen durch und fanden den gesuchten Band auch bald. Genia setzte sich auf das Sofa und betrachtete die Titelseite des Romans. Es zeigte das Gesicht eines jungen Mannes, dessen klare, fragende und träumerische Augen sich suchend der Weite öffneten. Hinter ihm zeichneten sich die schwachen Konturen eines anderen ab. Sein Kopf war bis auf das gesenkte Profil mit einer Kapuze bedeckt, und hinter seinen geschlossenen Augen verbargen sich nicht mitgeteilte Gedanken.

„Kann ich das Buch mit in die Ferien nehmn?“, fragte Genia. „Ja, warum nicht?“, antwortete Chantal, „meinst du, daß du Zeit zum Lesen finden wirst, wenn ihr doch so viel in der Gruppe unternehmen wollt?“

„Du weißt ja, daß ich manchmal auch allein sein will. In der Jugendherberge ist immer Betrieb. Vermutlich gehe ich auch einmal ohne die andern am Meer entlang oder durch die Dünen.“

Genia wirkte weder geschäftig noch aufgeregt, eher auf der Suche nach Austausch. Chantal legte ihr Buch auf die Knie und sah ruhig zu ihrer Tochter hinüber. Das kleine, kräftige Baby, das sie in der Nacht seiner Geburt voll Verwunderung und Staunen in den Armen gehalten und vorsichtig gestreichelt hatte, gab es nicht mehr. Was war von ihm eingeflossen in diese Jugendliche, die nun hier saß?

Welche Erfahrungen lagen auf dem Grund ihrer Seele verborgen? Wieviel wußte eine Mutter von ihrem heranwachsenden Kind? Wo hatte sie ihr Schmerz, vielleicht Schaden zugefügt, ohne es zu wollen? Ohne es zu merken? Wo hatte sie ihr Kind gefangen im Netz ihrer eigenen Verletzungen? Wo hatte sie geglaubt, aus Liebe und Zärtlichkeit zu handeln und in Wirklichkeit festgehalten, wo sie hätte nur behutsam begleiten sollen? Verstand sie ihre eigene Kindheit genug, um zu wissen, was ein Kind am meisten brauchte?

„Mutter", sagte Genia in Chantals Gedanken hinein, „ich fühle mich manchmal furchtbar schlecht. Ich möchte am liebsten fliehen, die Familie verlassen, auf meinen eigenen Füßen stehen, ausprobieren, was ich aus meinem Leben machen könnte. Es fällt mir manchmal auch so schwer, mit dir zu leben. Ich habe dich als Kind so sehr geliebt.

Seit einiger Zeit habe ich manchmal eine plötzliche große Wut auf dich. Ich will weglaufen und nichts von dir wissen. Ich habe das Gefühl, ich muß und will mich losreißen. Kurz danach kann es schon wieder sein, daß ich gerne mit dir sprechen möchte, denn wir sind uns in vielem so ähnlich, und ich spreche so gern mit dir, weil mir vieles dabei aufgeht."

Chantal schwieg und wagte kaum zu atmen. Die Stunde war also da.

Sie waren an der Weggabelung angekommen, wo Genia ihre Hand losließ und ihren eigenen Weg suchte. Eine Weile noch würden die Wege parallel verlaufen, aber in nicht mehr zu ferner Zeit ließen sich noch tiefergreifende Trennungen erwarten.

„Ich tue dir bestimmt oft weh jetzt", sagte Genia wieder, mir tut es oft hinterher leid, wenn ich so schroff und abweisend zu dir bin, aber irgendwie kann ich nicht anders. Wenn ich dann wieder Lust habe, mich in deine Arme zu werfen, verstehe ich mich selbst nicht mehr."

Nach einer Pause sagte Chantal leise: „Es ist schon richtig so. Es tut mir weh, ja, das gebe ich zu, aber für uns beide muß es so sein. Wenn du zornig auf mich bist, fällt es dir leichter, dich von mir loszulösen und abzuwenden, um dich selbst zu finden. Und auch mir fällt es leichter, dich loszulassen, wenn ich deine Zerrissenheit sehe."

Genia atmete kaum merklich auf.

Chantal liebte sie so sehr, sie hätte sie so gern in die Arme genommen und die Ähnlichkeit ihrer Seelen gefühlt. Aber sie wußte, daß sie sie freilassen mußte für andere Umarmungen. Die Anmut der Jugend lag auf Genia. sie würde jungen Männern begegnen, deren Herzen von ihr ergriffen würden. Genias Gedanken würden immer seltener zu ihrer Mutter und ihrem Vater zurückkehren. Sie sah nach vorne, gestaltete ihre Zeit, verwob sie mit ihren Ideen. Einige Minuten war Stille zwischen ihnen. Chantal fühlte die Zärtlichkeit, die sie mit Genia verband, aber auch die Erleichterung darüber, daß Genia ihre Zukunft ins Auge faßte. In ihre Gedanken hinein sagte Genia: „Ich finde es gut, daß du dir noch andere Aufgaben gestellt hast als nur die Familie. Ich glaube, so komme ich leichter innerlich von dir los."

Chantal antwortete nicht sofort. Sie war dankbar für diese Worte. „Weißt du", sagte sie schließlich, „man darf Kinder sicher nicht brauchen, um leben zu können. Die Gefahr ist groß, daß man in der Erziehung des Sohnes oder der Tochter die Schmerzen der eigenen Kindheit wiedergutmachen will und dabei neue Verletzungen verursacht, die gewissermaßen von spiegelbildlicher Art sind. Wenn jede Generation weiterkommen will, dann müssen wir etwas von unseren Leiden erkennen, noch einmal darin eintauchen, um dann davon fortschwimmen zu können und die Vergangenheit wirklich hinter uns lassen."

Genia sah sie in wortloser Nachdenklichkeit an. In ihren Augen lag so viel Phantasie und Fröhlichkeit. Ihre runden, fast noch kindlichen Wangen, die dunklen Haare bewirkten ein Gefühl von Glück und Schmerz in Chantal. Ihre eigene Jugend trug sie in ihrer Erinnerung mit sich.

Der Bach, an dem Chantal saß, floß leise und ruhig an ihr vorbei. Die Bilder in ihrem Gedächtnis wechselten in schneller Folge ab. Ein Blatt näherte sich auf der Wasseroberfläche, schwamm an ihr vorbei, wurde in der Ferne kleiner und verschwand wieder aus ihrem Blickfeld.

Während sie in das klare Wasser sah, fand sie Genia in ihren Gedanken wieder. Ach, wie köstlich sind die Augenblicke der Begegnung, dachte sie, und umso wertvoller werden sie, wenn ich ganz bei mir selbst bin und lerne, den andern mit ruhigem Interesse aufzunehmen.

An diesem Abend, als Genia in ihrem Zimmer saß, hatte sie ihr noch gesagt: „Unsere Gespräche brauchen nie zu versiegen, sie werden nur seltener, aber vielleicht auch noch intensiver."

„Ja, ich spreche gern mit dir", sagte Genia bevor sie hinausging, um ihre Sachen für die Reise fertig zu packen.

Chantal berührte sie nur ganz leicht an der Schulter und sagte leise: „Schlafe gut." „Du auch, Mutter, gute Nacht."

Doch Chantal schlief unruhig und wachte mehrmals auf.

Am nächsten Morgen fuhren sie nach Emden.

Längere Zeit schwiegen beide. Weit und klar dehnte sich die sommerliche Tiefebene vor ihren Augen, und sie näherten sich der noch unsichtbaren Küste.

„Mutter", sagte Genia mit einem Mal, „es hat etwas Erschreckendes, Mensch zu sein. Eines Tages wird man sich bewußt, daß man ungefragt da ist, einfach als ein Glied in der Evolutionskette, irgendwo entstanden, ohne mein Zutun. Ihr als Eltern mögt mich wohl gewollt haben, aber ihr wußtet doch nicht, wie ich sein würde. Ihr habt mich „aufgezogen", und dann gehe ich wieder weg, meinen eigenen Weg. So muß es sogar sein, wissen wir. Und auch ich werde vielleicht eine Familie gründen, Kinder haben wie andere vor und nach mir. Und wir versuchen, nicht jeden Tag daran zu denken, wie entsetzlich gefährdet unser Leben ist, wie der Tod jeden Tag unter den Menschen und andern Wesen umgeht, wie furchtbar bedroht wir sind. Wozu mühen wir uns, wofür wachsen wir, warum leben wir eigentlich? Die Vorstellung von Gott ist viellecit eine verzweifelte Fiktion, um es in dieser Ausgesetztheit aushalten zu können. Aber, wenn wir nur ein bißchen ernsthaft und ehrlich nachdenken, dann ist nicht nur der christliche Glaube absurd, sondern auch andere Vorstellungen von Gott unüberzeugend. Die christliche Vorstellung, daß Gott eines Tages seinen „Sohn" schickte, um ihn für unsere Sünden und zu seiner „Versöhnung" opfern zu lassen, scheint mir barbarisch und grausam und auch nicht im mindesten einleuchtend. Wenn es einen Gott gäbe, der uns liebt, so wie es uns eingeredet wird, so hätte er ja die Möglichkeit, Gemeinschaft mit uns zu pflegen. Aber das will er, falls es ihn gibt, offenbar nicht. Statt dessen leiden viele Menschen unter Krankheiten und unzähligen andern Belastungen. Und sie machen sich vor, es gäbe einen gütigen Gott. Müssen wir uns nicht jeden Tag „auf das Schlimmste" gefaßt machen? Hängt nicht wirklich immer und überall ein Schwert über unseren Köpfen, wie ein griechischer Mythos es so treffend erzählt? Aber daran wollen und können wir nicht immer denken, es ist zu unerträglich. Statt dessen lullen wir uns lieber in die Vorstellung von einem uns liebenden Gott ein. Das hilft zu leben, aber ist diese Vorstellung nicht so brüchig wie die dünnste Eisdecke?"

Genia sah von der Seite her zu ihrer Mutter, die am Steuer saß und sie nicht unterbrach. Vielleicht hoffte sie auf Widerspruch, obwohl sie fühlte, daß es dazu nichts zu sagen gab.

„Diese und ähnliche Gedanken beschäftigen mich auch oft, Genia", sagte Chantal nach einigem Schweigen, ich kann das nicht entkräften, was du sagst. Unser Dasein ist mir ebenso unbegreiflich wie dir. Die christlichen Vorstellungen scheinen zu Staub zerfallen zu sein. Wir können den Sand dieses Glaubens noch durch unsere Hände zu Boden rinnen lassen und über seinen Tod trauern, aber leben können wir nicht mehr damit. Ob es möglich ist, in den Kathedralen des gestorbenen Christentums, die gepflegt und von starker Symbolkraft wie eine imposante Theaterkulisse in unserer Mitte stehen, noch auf unsere illusionslose, fragende Weise uns den Göttern zuzuwenden, weiß ich nicht. Vielleicht werden die alten kunstvollen Kirchen ebenso zu Touristenattraktionen wie die Säulenreste der griechischen und römischen Tempel."

Genia atmete schwer, als läge eine Last auf ihr. „Wenn es einen neuen Glauben geben wird", sagte sie, „dann glaube ich, wird er im ehrlichen Gespräch zwischen Menschen beginnen. Das ist der Weg: zuhören lernen und auch sich mitteilen lernen mit dem, was wir wirklich denken und fühlen. Es wird keine Autoritäten mehr geben, die uns „verkünden“, was wir glauben sollen. Das ist auch zu Ende. An der Verzweiflung der Mächtigen sehe ich, daß ihre Kraft gebrochen ist. Mit jedem „Ketzer“, den sie aus der Gemeinschaft ausschließen, zeigen sie nur ihre eigene Ohnmacht.“ Chantal fühlte sich ihrer Tochter tief verbunden und seelisch verwandt. Auch sie empfand, daß die Tiefe der gemeinsamen Gedanken das Leben reich machte und eine Verbindung schuf, die durch räumliche Trennung nicht geschmälert werden konnte.

Sie fuhren nun durch Emden und suchten den Weg zum Hafen. Nachdem sie dort angekommen waren, sah Genia Chantal scheu und lächelnd an, verabschiedete sich mit einer kurzen Umarmung: „Danke, Mutter, für die Fahrt und daß du da bist.“ „Schöne Ferien und viel Freude, Genia!“

Chantal parkte das Auto, stieg aus und folgte den Jugendlichen, wie sie über die Brücke auf das Schiff gingen. Sie verschwanden im Innern und erschienen nach einiger Zeit an Deck, wo sie sich Plätze auf den Bänken suchten und es sich dort gemütlich machten. Die Schiffsirene ertönte, das Schiff legte langsam ab, das Wasser schäumte und spritzte an der Heckseite auf und hinterließ eine weiße schaumige Spur vom Hafen ins offene Meer. Chantal sah Genia schon in einiger Entfernung an der Reling stehen und winken. Sie war froh, daß Genia ihre Tränen nicht mehr sehen konnte und den Schmerz in ihrer Brust nicht fühlte. Sie setzte sich auf die warme Kaimauer und folgte dem Schiff mit den Augen, sie sah die Möwen, die schwebend und leicht das Schiff begleiteten und die Sonne, die das Meer in unendlichen Funken erglühen ließ.

Kapitel 17 – Alpennacht

Am Abend packten Manuel und Chantal ihre Sachen für die Italien-Reise zusammen. Sie benötigten nicht viel für eine Woche, und bald standen die Taschen bereit. Sie badeten und gingen früh schlafen.

Am nächsten Morgen stellte Chantal noch die Pflanzen der Wohnung in die Duschwanne und ließ Wasser hinein. So konnten sie für acht Tage ohne Pflege bleiben. Sie frühstückten, spülten dann noch das Geschirr, schlossen die Wohnung ab und gingen zum Treffpunkt der Reisegruppe. Der Bus stand schon bereit, und einige Teilnehmer gaben ihr Gepäck dem Fahrer, der es auf seine Weise im Kofferraum verstaute. Die Mitreisenden waren zumeist Erwachsene in mittleren Jahren, auch mancher Ältere befand sich unter ihnen sowie eine Vierergruppe Jugendlicher, zwei Jungen und zwei Mädchen, Freunde, wie sich bald herausstellte. Die meisten kannten sich bis dahin nicht. Schon beim Einsteigen in den Bus wurden zwar noch vorsichtige und abwartende aber doch interessierte Blicke getauscht. Die Leute versuchten sich in die Stimmung einzufühlen, die die einzelnen Personen in ihnen erweckten.

Die etwa 50jährige Reiseleiterin ließ sich von den Ankommenden die Namen sagen und vermerkte auf ihrer Liste, wer bereits anwesend war. Nachdem sich alle einen Platz gesucht hatten, stellte sie sich vor und richtete einige humorvolle Worte an die Teilnehmer.

Der junge, dunkelhaarige Busfahrer stieg ebenfalls ein, und die Reise begann. Am ersten Tag sollte die Fahrt bis zu einem romantischen kleinen Ort in Österreich, nahe der italienischen Grenze gehen, wo in einem einsam gelegenen Hotel die Übernachtung geplant war.

Die langen Stunden auf der Autobahn versetzten die Mitfahrenden zunächst in eine fröhliche und erwartungsvolle Entspannung. Die meisten unterhielten sich lebhaft mit ihren Sitznachbarn. Bald machten sich auch die ersten Fremden miteinander bekannt, versuchten ihre „Anfangsschritte" miteinander, um zu erfahren, ob und was sie mit dem Gegenüber „anfangen" könnten.

Mittags wurde in einem Rasthof ein Imbiß genommen. Während die Türen des Selbstbedienungsrestaurants sich beständig öffneten und schlossen, um Reisende herein- oder herauszulassen, aß jeder gedankenlos und schon etwas ermüdet in der von Rauch und Abgasen verpesteten Luft und unter dem Lärm der vor den Fenstern vorbeirasenden Autos sein Essen. Nach der vorgeschriebenen Rastzeit des Fahrers ging es weiter. Die Munterkeit des Vormittags war nun der Mittagsmüdigkeit gewichen, und auch Unterhaltungen hörte man seltener. Stattdessen lehnte manch einer seinen Kopf gegen die Lehne und fiel in Halbschlaf. Später wurde die Gesellschaft wieder lebhafter. Die weite norddeutsche Ebene hatten sie nun schon weit hinter sich gelassen, der Bus wirkte spielzeughaft klein inmitten der gewaltigen Alpenlanschaft.

Chantals Kopf lag auf Manuels Schulter, und auch ihre linke und seine rechte Hand hielten sich fest. Sie fühlte die vertraute Verbundenheit, die sie mit ihm umschloß, so lange nun schon.

Manuel freute sich über Chantals Fröhlichkeit und Phantasie und sie selbst ließ sich auch in seinen Humor hineinnehmen und ruhte in seiner Festigkeit.

Der Bus bog von der Hauptstraße ab und bewegte sich vorsichtig und langsam in engen und steilen Serpentinen in die Höhe. Die Hitze des späten Nachmittags verlieh der vorbeiziehenden Landschaft eine starke erregende Färbung. Nackte, graue Felsen mit Gletscherfeldern tauchten zwischen den dunklen Tannenwäldern auf. Die Sonne näherte sich ihren Spitzen bereits, als der Fahrer den Bus in eine noch schmalere und völlig einsame, unbefestigte Straße lenkte. Über knirschenden Schotter, von dem ein paar Steine auf den angrenzenden weichen Waldboden spritzten, fuhren sie noch einige hundert Meter weiter. Dann drehte sich der Bus auf einem kleinen runden Platz, und die Reisenden erblickten ein Hotel mit tiefgezogenem Dach und dunklen Holzbalkonen, bunten Vorhängen und geschmückt mit roten Geranien.

Die Reiseleiterin stand auf, nahm das Mikrophon in die Hand, wandte sich den Leuten zu und sagte: „Für heute sind wir angekommen. Der Ort sollte eine Überraschung sein, wir wollten Ihnen vorher nichts verraten. Ich hoffe, Sie können sich hier von der anstrengenden Fahrt bis morgen früh um 9 ein wenig erholen.

Die Zimmer sind schon vorbestellt, die Schlüssel bekommen Sie an der Reception, und etwas zu essen gibt es auch. Ich wünsche Ihnen einen angenehmen Abend."

Wie betäubt und geblendet stiegen Manuel und Chantal aus dem Bus. Es schien ihnen, als beträten sie eine fremde Märchenwelt. Sie atmeten dankbar den herben würzigen Duft der Nadelwälder ein.

Konnte es wirklich noch eine solche Einsamkeit und Abgeschiedenheit geben auf einer Welt mit mehr als fünf Milliarden Menschen? War es ein Traum? Forschend sahen sie zu den Mitreisenden hin. Auf deren Gesichtern lag ein ähnliches Erstaunen und Fragen.

Der Fahrer öffnete die Klappen des Kofferraums, die Reisenden nahmen ihr Gepäck heraus und traten langsam in die blumengeschmückte und holzgetäfelte Empfangshalle des Hotels. Dort händigte ihnen eine junge Angestellte im Dirndlkleid die Zimmerschlüssel aus. In ihrem gemütlichen kleinen Zimmer angekommen, öffnete Manuel als erstes das Fenster und ließ die ungewohnte wuchtige Bergwelt auf sich wirken. Er dachte an die Anstrengung, die es die Bewohner kosten mußte, sich in solcher Umgebung fortzubewegen, aber auch an den Reiz der ständig wechselnden Landschaft. Chantal hatte sich aufs Bett gelegt und sah von dort aus die Wolken über die im

Abendlicht glühenden Bergspitzen ziehen, und sie sah Bilder und Szenen vergangener Erfahrungen in ihrer Vorstellung, so gegenwärtig als erlebte sie sie gerade jetzt. Das Vergangene vergeht nicht, dachte sie, es bleibt lebendig für immer.

„Mir gefällt es hier, Manuel", sagte sie. Er drehte sich zu ihr um und erwiderte: „Mir auch, obwohl mir immer scheint, als läge die Schwere der Jahrtausende auf den Bergen und würde sie zu Boden ziehen."

„Ja, hier läßt sich eine Veränderung in einem ganzen Menschenleben überhaupt nicht feststellen, nur der Wandel der Jahreszeiten zeigt, daß auch die Berge nicht fest und starr sind."

„Verträgst du auch etwas zu essen, Chantal?", fragte Manuel, „ich jedenfalls habe Hunger."

„Ich auch", sagte sie, „ja gehen wir hinunter in die Gaststube." In dem gemütlichen bäuerlichen Eßzimmer fanden sie schon einen Teil der Reisenden versammelt. Sie setzten sich an einen Tisch, an dem bereits ein jüngeres Paar und eine zart wirkende Frau mittleren Alters saßen. Während sie die schmackhafte einfache Mahlzeit und ein Glas Wein dazu genossen, wich die Anstrengung der langen Busreise langsam einer wohltuenden Entspannung. Die Tischgenossen sprachen nur wenig miteinander, aber sie zwangen sich auch nicht zu etwas, was ihnen im Augenblick zu anstrengend war.

Nach dem Essen sagte der jüngere Mann: „Ich möchte gern noch ein bißchen hinaus und spazierengehen, wir sind heute viel gefahren." „Daran habe ich auch schon gedacht", sagte Manuel. Chantal und die alleinreisende Frau schlossen sich dem Vorschlag gerne an während die Freundin des jüngeren Mannes sagte: „Ich möchte lieber noch eine Zeitlang lesen, geht nur ohne mich, ich bin gerne ein wenig allein jetzt."

Die zwei Männer und zwei Frauen traten aus dem Hotel in die Stille des Abends hinaus. Die rötlichen Felsen strömten die Wärme des sich langsam zur Nacht neigenden Tages aus. Der Wind fuhr leise durch die dunklen Tannenwälder, in denen die Vögel ihre naturhaften Abendlieder sangen.

Die beiden Männer wandten sich einem längeren Rundweg zu, die Frauen gingen in einiger Entfernung.

„Wir haben uns noch gar nicht vorgestellt, ich heiße Chantal Weiher." „Und ich Franca Gaus." Nach einigen Augenblicken des Schweigens sagte sie überraschend: „Sie sind mir schon den ganzen Tag über im Bus aufgefallen, ich saß zwei Bänke hinter Ihnen auf der gegenüberliegenden Seite. Ich kenne Sie zwar nicht, und Sie erinnern mich auch nicht eigentlich an jemanden, aber als Sie mit Ihrem Mann heute Abend an den Tisch kamen, habe ich mich gewundert und andererseits es auch erwartet."

Chantal fühlte sich von diesen Worten angerührt und sah ernst die neben ihr gehende Frau an. Sie war von sehr zarter, fast zerbrechlicher Gestalt, nicht sehr groß, mit dunklen, lockigen Haaren und braunen geistvollen Augen. Sie erwiderte Chantals Blick mit einem träumerisch-grüblerischen Ausdruck. Dann begann sie langsam und nachdenklich zu sprechen. „Wissen Sie, für mich ist diese Reise ein Experiment. Ich wollte einmal aus allem heraus, mich einmal ins Fremde, Unbekannte wagen. Ich habe das Gefühl, ich weiß nicht mehr, wer ich bin. Oder, wußte ich es überhaupt schon? Ich wollte auch nicht mit meinem Mann fahren, lieber einmal mit fremden Menschen sprechen. Warum eigentlich gibt es mich? Reicht es, wenn ich mir sage: für meinen Mann, die beiden heranwachsenden Jungen, die Menschen, denen ich beruflich begegne? – Ich bin Arzthelferin bei einem Zahnarzt, wissen Sie. Da komme ich mit Leuten jeden Alters und auch jeden Charakters zusammen. Mein Chef möchte, daß meine Kolleginnen und ich uns, wenn die Patienten auf die Behandlung warten, mit ihnen unterhalten, um sie abzulenken und ihnen die Angst zu nehmen. Ich arbeite nur vormittags, nachmittags und abends bleibt mir auch noch Zeit zum Lesen. Unser leben ging seinen gewohnten Gang bis mir eines Tages von heute auf moregen der Boden unter den Füßen zu wanken begann. Nichts mehr schien sicher zu sein, alles geriet aus den Fugen. Ich dachte, jetzt mußt du noch einmal von vorne anfangen, es muß noch einmal alles neu beginnen.

Der Auslöser war ein Buch, das ich eines Abends las, ein theologisches Buch, in dem dargelegt wurde, daß die Menschen doch seit Jesu Wirken und Auferstehung beruhigt und erlöst durch das Leben gehen könnten, da sie nun von aller Schuld und auch vor der Angst vor dem Tod befreit seien. Als ich das las, ging mir mit einemmal auf, wie absurd und unglaubwürdig diese Aussage doch für mich ist. Hatten das wirklich 2000 Jahre lang Menschen ernstlich geglaubt? Und die Pfarrer – evangelische wie katholische – predigen das noch immer (sie immerhin haben ja wenigstens etwas davon)!

Ich dachte mir also: Nach vielleicht einer Million Jahren, während derer es Menschen gab, die sich nachweislich in ihrer Mehrheit nach Gott gesehnt haben, ihn gesucht haben, zu ihm gefleht haben, dann soll, vor 2000 Jahren also, Gott einmal für ein oder drei Jahre seinen „Sohn" auf die Welt geschickt haben, um den Menschen ein für allemal zu „beweisen", daß ihm so viel an ihnen liegt?

Mehr Zeit und Aufwand wollte er wohl nicht betreiben? Zudem hatten die vielen Menschen vor Jesus nichts in ihrem Leben davon, und danach war die Sache auch endgültig „abgetan"! Gott hatte fortan wohl Wichtigeres zu tun als die quälenden Fragen der Menschen zu beantworten oder sich um ihre Tränen und Schmerzen zu kümmern!

Die alten christlichen Vorstellungen zerrannen wie feiner Sand in meinen Händen. Ich ließ es geschehen. Es war, als ob ein Sturm mich gepackt hätte und mir etwas vormals sehr Wertvolles entrissen hätte, aber ich fühlte zugleich auch, daß ich ein Stück weit näher an meine eigene Wahrheit gelangt war. Nachdem ich die erste Angst vor dem

Fall ins „kalte Wasser" und der Ungeborgenheit überwunden hatte, ließ ich mich auf alle Gedanken, die mir kamen, leidenschaftlich ein. Vielleicht war alles ganz anders?

Insbesondere wollte ich das Motiv der religiösen Vorstellungen finden, denn darin schien mir der Schlüssel für das Verständnis zu liegen. Ich persönlich kann zwar nicht verstehen, wie man sich das „Heil" aller Menschen durch das einmalige Auftreten eines „Gottessohnes" bewirkt denken kann, den alle Nachgeborenen nie gesehen haben, aber es brachte mich doch darauf zu verstehen, daß religiöse Menschen sich so sehr nach einem sichtbar erfahrbaren Gott sehnen, daß sie diese Vorstellung schließlich als Glaubenssatz festschreiben wollten oder sogar mußten. Seither haben sich wohl sehr viele Jesus als den Gott in ihrer geistig-seelischen Welt vorgestellt und sich an ihm festzuhalten versucht, am meisten vielleicht in den „Dunkelheiten" des Lebens. Franca blickte, während sie immer konzentrierter und heftiger sprach, manchmal kurz zu Chantal, die ruhig und aufmerksam neben ihr ging, hinüber. Sie fühlte, daß sie sprechen durfte und fuhr daher fort: „Ich glaube auch nicht, daß die christlichen Kirchen deshalb in den letzten Jahren so viele Mitglieder verloren haben, weil sie über manche existentiellen Fragen rückständig denken.

Eher scheint mir, daß viele ahnen oder sich langsam bewußt werden, daß es keine kollektive „Erlösung" geben kann und daß es eine nicht erfüllbare Forderung ist, einen Gott lieben zu sollen, den man nicht kennt und der unser Vorstellungsvermögen offenkundig übersteigt. Jeder Vorstellung, jeder Aussage über Gott liegt wohl eine Hoffnung zugrunde, eine so starke und fast unaufgebbare Hoffnung, daß sie zu einer seelischen Gewißheit wird. Ob es Gott gibt, wissen wir nicht. Ob ihm auch nur an einem von uns etwas liegt, ebensowenig. Aber das wäre von so großer Wichtigkeit, daß auch bloße Behauptungen darüber oft blindlings geglaubt werden. – Ich habe nun ganz bescheiden angefangen, in meiner eigenen Seele nachzuforschen, warum ich selbst an Gott glaube. Meine erste, sehr vorläufige Antwort ist wohl, daß ich Sehnsucht habe nach immer wachsender Erkenntnis, nach unzerstörbarem Leben, nach immer neu erblühender Liebe."

Während sie so miteinander durch den Wald gingen, war es dunkler geworden. In einiger Entfernung vor Franca und Chantal wanderten die beiden Männer, auch ins Gespräch vertieft und hielten sich an einen markierten Rundweg. Sie blieben stehen, drehten sich um und warteten. „Wir müssen wohl einmal nach unserer Unterkunft Ausschau halten", sagte Manuel zu den Ankommenden. „Sonst bleibt uns bald nichts anderes mehr übrig, als zwischen den Baumwurzeln zu schlafen", fügte er noch lächelnd hinzu. So beschleunigten sie ihre Schritte und fanden auch bald ihr Hotel wieder. Obwohl Chantal am Schluß des Weges sich wie schlaftrunken fortbewegte, gewann sie doch die innere Gewißheit, das Gespräch mit Franca jetzt nicht abbrechen zu sollen. Es war beim Zuhören eine Verbundenheiet und ein Interesse in ihr erwacht, das sie daran hinderte, sich nun sofort zu verabschieden. Sie sah Franca an und sagte: „Wollen wir uns noch ein wenig zusammensetzen? Ich würde mich gerne noch etwas länger mit Ihnen austauschen.“ Franca nickte erfreut. „Manuel“, wandte sie sich an ihren Mann, „wir haben ein Gespräch begonnen, das uns noch beschäftigt.“ „Gut“, sagte Manuel, dann können Martin und ich ja noch ein Bier trinken gehen, was meinen Sie, Martin?“ „Sehr gern“, antwortete er. Sie gingen in die Gaststube. Chantal und Franca setzten sich in einen Winkel des Foyers unter einen Benjamini-Baum. Sie zündeten eine Kerze an, die auf einem Tischchen stand. Es wr niemand mehr zu hören. „Ich freue mich, daß Sie mir Ihre Gedanken mitgeteilt haben“, nahm Chantal den Faden des Gesprächs wieder auf. „Sie haben schon echt, wenn Sie vermutet haben, daß mich diese Fragen ebenfalls häufig beschäftigen. In manchem, was Sie gesagt haben, habe ich mich wiedergefunden.“

„Und ich bin Ihnen dankbar, daß Sie bereit sind, mir zuzuhören, es muß wohl an der Situation der Reise liegen, daß ich den Mut finde, mich so zu öffnen. Bei meinen Bekannten habe ich das bisher nicht gewagt.“

„Ja, das ist mir auch einmal aufgegangen“, entgegnete Chantal, „wenn man seine vertraute Umgebung – auch die seelische – einmal wirklich hinter sich läßt, dann erlebt man erstaunliche Überraschungen.“

Francas Blick nahm wieder einen gedankenverlorenen Ausdruck an. Sie wußte, daß Chantal sie hörte und bei sich aufnahm. „Wissen Sie, ich bin ein einfacher, unbekannter Mensch. Ich gebe mir Mühe im Alltag, ich denke nach über die Folgen meines Handelns, obwohl wir doch gerade darüber so wenig wissen können ... Ich bin nicht berühmt und kann mir daher nie sagen, ich sei vielleicht wichtig für eine große Zahl von Menschen. Nein, ich bin so wie die allermeisten: Ich lebe mit meiner Familie, mit meinem Mann, begleite die Söhne, bis sie erwachsen sind, übe meinen Beruf aus. Immer öfter stelle ich mir vor, daß ich es einfach unvorstellbar finde, daß wir mit Bewußtheit als Menschen auf die Stunde zugehen müssen, in der man uns „zur letzten Ruhe" begleitet, wie man das nennt. Ich will einfach keine „Ruhe", erst recht keine „letzte". Warum „versteckt" sich Gott, falls es einen gibt, vor seinen Geschöpfen? Warum, zum Teufel, will er sich denn nicht sehen lassen? Warum läßt er die Menschen so im Dunkeln tappen, allerlei mehr oder weniger plausible und mehr oder weniger langlebige „Religionen", d.h. Verehrungsweisen seiner Person „erfinden"?

Interessiert es ihn vielleicht zu beobachten, was die Menschen sich so alles Zutreffendes und Abstruses über ihn ausdenken? Ich will nicht einfach wieder zu Erde werden! Wofür sollte die Entwicklung eines Menschen durch alle seelischen Brüche und über alle seelischen Stufen hinweg sinnvoll sein, wenn wir wieder zur Erde zurückkehren? Ich möchte die Vergänglichkeit verlassen können, ewig sein, ja, göttlich sein. Die Bibel verteufelt diesen Wunsch, diese Sehnsucht schon auf den ersten Seiten so gründlich, daß ich vermute, daß in den letzten dreitausend Jahren fast niemand mehr sich ohne Angst und Zittern diesen Gedanken zu denken erlaubt hat. Warum gibt es soviel Unglück auf der Welt, soviel Krankheit, Schmerzen, Tränen, Ausweglosigkeit? Warum? Wenn es einen Gott geben sollte, warum läßt er dann seine Geschöpfe so allein? Denn es ist doch offenkundige, verzweifelte, verrannte Illusion, daß Gott uns nahe sei. In Wahrheit ist er unerreichbar fern, niemand, der sich je nach seiner Stimme, nach seinen Augen, nach seinen zärtlichen Händen gesehnt hat, hat seinen Wunsch erfüllt bekommen. Jeder hat nur in der Nacht seines hoffnungsvoll-hoffnungslosen Suchens den Widerschein seiner Sehnsucht als Phantom im Abgrund seiner Seele zu erreichen versucht. Die Sehnsucht, das Verlangen und die Verzweiflung waren so unausweichlich, daß man schließlich alle Bilder von einem gütigen Gott, in der Gestalt eines helfenden und heilenden jungen Mannes auf Jesus, nachdem er schon einige Jahrzehnte tot war, übertragen hat und ihn fortan als Gott verehrte. Der Gedanke, es könnte ein Irrtum gewesen sein und wir wären doch allein im immer größer und kälter werdenden Kosmos, ist so unerträglich, daß noch heute der größte Haß entstehen kann, wenn jemand – und seien es auch noch so ehrliche – Zweifel an der metaphysischen Göttlichkeit dieses Jesus auszusprechen wagt.

Ich denke, allein in unserer Seele finden wir die Gewißheit unserer Sehnsucht nach Göttlichkeit, nach Ewigkeit, nach Liebe. Aber das scheint den meisten Menschen zu unsicher zu sein. Sie wollen etwas „Historisches" haben, d. h. etwas, das materiell berührbar ist."

Francaa schwieg, und auch Chantal lauschte in die Stille, als könnte eine Antwort aus ihr erwachsen. Francas und Chantals Augen trafen sich in einem fragenden Blick, in dessen Ernst die Spur einer wortlosen Gewißheit zu liegen schien.

Dann sagte Chantal leise: „Ja, wir wollen Gott berühren, weil wir jedes Wesen berühren wollen, nach dem unsere Seele ruft. Ich stelle mir vor, in der Begegnung mit Gott würde alles in uns zur Erfüllung kommen, was so nur stufenweise und oft mühsam und bruchstückhaft gelingen kann. Vielleicht können wir all die Funken der Erfahrung sammeln, die im Leben, in einem intensiven Leben möglich sind, um am Schluß doch nicht ohne Erleuchtung an der dunklen Pforte anzukommen."

„Frau Weiher", sagte Franca, „ich fühle mich jetzt sehr aufgewühlt, aber auch glücklich. Ich danke Ihnen sehr, daß Sie mir diese Zeit geschenkt haben. Es ist schon Nacht. Vielleicht wartet Ihr Mann schon auf Sie. Ich möchte Ihre Aufmerksamkeit nicht länger beanspruchen."

„Auch für mich waren es Stunden, die bleiben werden", sagte Chantal. Ich habe meinen Mann schon vor einiger Zeit hinaufgehen sehen. Er wird wohl in unserem Zimmer sein. Schlafen Sie gut! Bis morgen!"

„Sie auch, danke."

Als Chantal in das schwach beleuchtete Zimmer trat, kam Manuel gerade aus dem Bad. Er sah sie fragend an, und sie sagte: „Es hat lange gedauert, aber es war wichtig, für sie und auch für mich. – Ich beeile mich. Sie duschte sich und kam zu ihm ins Bett. Sie legten sich eng zueinander. „Manuel, das Leben ist so geheimnisvoll und unbegreiflich. Aber dort, wo etwas gelingt, beginne ich zu verstehen. Daß es Dich gint, darüber bin ich so froh."

„Du meine Liebe ..."

Sie fühlten die Wärme des vertrauten Menschen neben sich und schliefen fast zur gleichen Zeit ein.

Kapitel 18 – Selbstzweifel

Am nächsten Morgen hatte das Wetter umgeschlagen. Manuel erwachte als erster vom strömenden Rauschen des Regens, der am Fenster herabfloß. Nebelschwaden geisterten um die hohen Tannen draußen und versperrten den Blick, der gestern Abend noch in die Weite fliegen konnte. Manuel betrachtete Chantal, wie sie an seiner Seite schlief, und das Vertrauen, das sie bei einem andern Menschen ruhig schlafen ließ, rührte ihn. Der gleichmäßige Regen übte eine beruhigende Wirkung auf ihn aus, und die hektische Anstrengung seines Alltags schien von ihm fortzuschwimmen. Chantal wachte auf und schloß die Augen noch einmal, um die letzten Traumbilder festzuhalten und zu verstehen.

Sie faßte zärtlich nach Manuels Hand und sagte: „Wie es regnet, ich fühle mich wie in einer einsamen Berghütte mit dir."

„Ganz so einsam sind wir hier allerdings nicht", antwortete Manuel lächelnd und streichelte ihr über die Haare. „Wir müssen sogar bald aufstehen, wenn wir vor der Weiterfahrt noch ein Frühstück haben wollen." „Ach ja, das möchte ich schon", sagte Chantal, „wenn ich nur nicht morgens so schlaftrunken wäre."

Nach dem Frühstück wurde aufgebrochen. Der Bus mußte ganz nahe an das Hotel heranfahren, damit die Reisenden nicht durchnäßt einsteigen mußten. Als sie abfuhren, sah Chantal zu dem stillen Gebirgshaus zurück, das nach wenigen Metern bereits von Nebel und Regen verschluckt wurde. Sie saß neben Manuel, in Träume verschlungen. Die traurig – gleichförmigen Bilder der vorbeiziehenden Landschaft draußen riefen melancholische Phantasien in ihr wach. Sie mußte an ihre Jugendzeit denken und wie sie täglich mit dem Bus über Land zur Schule gefahren war, eingespannt in Pflichten und oft belastet von Ängsten; in einer Familie, in der gerade die heftigsten Gefühle nie ausgesprochen werden durften und wo die Eltern straften, was in ihr zu leben begann. Erst nach der Heirat hatte sie allmählich zu entdecken begonnen, wer sie war. – An diesem Tag fuhren sie nur bis zum Gardasee, und am dritten Tag wollten sie Rom erreichen. Am frühen Nachmittag bezogen sie ein größeres Hotel, nahe beim See, der sich unter Dunstschleiern in der Ferne verlor. Der Regen hatte aufgehört, aber der Himmel blieb mit Wolken verhangen. Nach einer Mittagsruhe erklärte Manuel: „Heute entführe ich dich auf den See. Wir mieten uns ein Tretboot und fahren ein wenig in der Nähe des Ufers entlang.

„Möchtest du?“ Chantal war etwas erstaunt über diesen Vorschlag bei solchem Wetter, ließ sich aber doch gern darauf ein.

Manuels Bewegungsdrang ließ ihn wild und kräftig in die Pedale treten. In ausgelassener Stimmung steuerte er das Gefährt in Kreisen und Schlangenlinien über die grau und bleiern sich unter ihnen dahinbreitenden Wasser. Chantal starrte gebannt in die undurchdringliche Flut, die sich nur leise bewegte während sie die düsteren Wolken am Himmel in sich hineinzusaugen schien. Als sie sich umwandte, war das Land im Nebel verschwunden. Es wurde ihr unheimlich und sie bat Manuel: „Bitte, laß uns doch ans Ufer fahren, es macht mir keinen Spaß heute. Vielleicht können wir ein bißchen spazierengehen, auf dem Weg fühle ich mich sicherer als auf dem Wasser."

„Schade", antwortete Manuel, „ich finde, es ist einmal ein ganz anderes Erlebnis als bei dem üblichen Sonnenschein. Laß mich noch ein paar Minuten die Wirkung in mich aufnehmen, dann fahre ich uns zurück." Er betrachtete forschend die Wassereinsamkeit, auf der das Tretboot plätschernd trieb, und seine Fröhlichkeit wich einer nachdenklicheren Stimmung. „Ich glaube, ich bin bei solchem Wetter noch nie auf einem See herumgekreuzt"; fügte er noch hinzu. Dann wendete er und steuerte das Boot in die Richtung, in der er das Ufer zuerst mehr vermutete als sah, bevor es wieder Konturen annahm und beide wieder festen Boden unter den Füßen spürten. Chantal griff nach Manuels Hand, und sie gingen zusammen einen schmalen Waldweg entlang, auf dem die verschiedensten Gräser und Kräuter den seltenen Wanderern trotzten.

„Manuel", sagte Chantal nach längerem schweigen, „ich bin gar kein besonderer Mensch. Was wäre anders, wenn es mich nicht gäbe? Du hättest eine andere Frau geheiratet, mit ihr Kinder gezeugt. Ich bin nicht berühmt. Meine Arbeit in der Bibliothek könnte ebensogut, vielleicht sogar besser jemand anderes machen. Die Artikel, die ich für die Zeitung schreibe, kommen mitsamt den Bemühungen meiner Kollegen am nächsten Tag zum Altpapier. Sicher, es gibt Begegnungen, Gespräche, Freude, auch glückliche Augenblicke. Ich fühle mich nicht unbeliebt, aber, es ginge doch auch ohne mich. Was ich wirklich mit aller Leidenschaft gerne verändern möchte an der Welt, was ich erreichen möchte: daß die Kriege aufhören und die Menschen in Frieden leben, daß die Krankheiten aufhören und die Menschen nicht mehr unter ihrer entsetzlichen Qual stöhnen, daß die Menschen an einen gütigen Gott nicht nur verzweifelt und hoffnungsarm glauben könnten, sondern sich auf die jenseitige Begegnung mit ihm vorbereiten könnten wie Liebende auf ein Treffen. Dass sie ohne Zweifel vertrauen könnten, alles das steht völlig außerhalb meiner Macht.

Weißt du, es gibt Menschen, die können Tausenden unvergeßliche Stunden bereiten durch Musik und Gesang, durch Bücher oder Filme, die den Leuten Unvergleichliches, Unschätzbares mitteilen; es gibt Ärzte, zu denen kommen viele mit letzter Hoffnung. Ich kann all das nicht. Ich bin nicht „gefragt". Meine Mitmenschen lassen mich leben, manche mögen mich, aber ich bin nicht strahlend schön oder glänzend klug. Gott oder die gefühllose Natur – ganz wie du willst – hat mir das Leben gegeben, das kostbare und köstliche, o ja, und doch ein Leben nie verstummender Fragen und auch ein Leben, über dem so drohend und qualvoll die Gefahr hängt wie das Schwert des Damokles."

Wild und voll Schmerz sah sie Manuel ins Gesicht, der ruhig und von diesen Gefühlen überrascht neben ihr durch den Wald ging. „Kannst du das verstehen, Manuel?"

Er antwortete nicht sofort. Dann sagte er: „Ich glaube schon, daß ich nachfühlen kann, was in dir vorgeht, wenn ich es auch anders als du empfinde. Du siehst sicher etwas Zutreffendes. Jeder Mensch ist bei aller Einmaligkeit doch nur eine vergängliche Erscheinung, höchstens ein paar Jahrzehnte sind uns zugemessen, und was dann ist, ob noch etwas sein wird, darüber hüllt sich die Erde und das gesamte Weltall in Schweigen. Warum mich die Fragen, die du hast, weniger bedrängen als dich, ist schwer zu sagen. Vielleicht ist es mir erst einmal wichtig, hier und jetzt zu leben. Ich freue mich an dir, über dich. Ich rede, lebe gern mit dir. Ich nehme dich, wie du bist. Ich freue mich, wenn du fröhlich bist. Ich sehe die Kinder aufwachsen, und es befriedigt mich, daß mein Leben wie verjüngt in sie eingegangen ist. Ich denke, daß ich in meinem Beruf in der Bank der Gemeinschaft einen sinnvollen Dienst leiste, denn ohne Zweifel sichert das Geld unsere Freiheit und ein individuelles Leben, was in früheren Zeiten unmöglich war. Wir sind nicht reich, haben aber in normalem Rahmen unsere Freiheit, wir fallen niemand zur Last, leben nicht auf Kosten anderer. Das ist mir sehr wichtig. Ich leide nicht wie du darunter, „nichts Besonderes, Außergewöhnliches" zu sein.

Das kann man sich zwar wünschen, aber eigentlich läßt es sich nicht planen oder herbeiführen. Es ist ein Schicksal, wobei es nicht so sicher ist, ob es für den „Berühmten“ Segen oder Fluch bedeutet. Ich lebe gern so wie ich es mir eingerichtet habe, versuche jeden Menschen ernst zu nehmen, ihn nicht nur als Kunden oder als Geschäftspartner oder gar als Kontonummer zu betrachten. Die Leute, die zu uns kommen, so verschieden sie sind, suchen nicht allein unseren bescheidenen Dienst, sie suchen auch den zuverlässigen, diskreten, vielleicht den würdevollen Menschen in mir, in meinen Kollegen, jemand, der dazu beiträgt, daß ihr Leben nicht bodenlos wird, nicht verschreckt durch Unzuverlässigkeit oder gar Gesetzlosigkeit. Die Bank ist wohl etwas sehr Irdisches, aber dort wie an jedem Ort, wo einer versucht, hinter dem äußeren Tun den Menschen in die Augen zu sehen, lohnt es sich für mich schon. Und was das Jenseitige anbelangt, so lasse ich mich überraschen. Ich sehe keine Möglichkeit, auch keine Notwendigkeit, mir darüber den Kopf zu zergrübeln.“

Die beiden gingen nebeneinander unter hohen dunklen Nadelbäumen, von denen noch Regentropfen herabfielen. Die feuchte Luft drang in ihre Haare und Kleider, und es wurde ihnen kühl. Chantal griff nach Manuels Hand.

„Es gibt so viel Elend auf der Welt: Kriege, Hunger, Naturkatastrophen, Krankheiten. Ich fühle mich nicht in der Lage, etwas Wesentliches dagegen zu tun. Ich verliere ja schon den Mut, wenn ich die Bilder davon im Fernsehen sehe.

Dann kann ich einfach an keinen Gott mehr glauben, jedenfalls an keinen guten."

„Auch ich begreife all das nicht", sagte Manuel ernst, „und es bedrückt mich auch sehr. Ich denke, ich muß in mir selbst eine Welt schaffen, in der ich leben kann. Ich versuche herauszufinden, was in mir lebt, wer ich bin. Die einzige Chance, andern als unverwechselbaren Personen zu begegnen, sehe ich darin, mit sich selbst eins zu sein. Solange jemand einen andern „braucht", ist es nur ein kleiner Schritt zum Mißbrauch. Erst wenn du bei dir bist, kannst du dein Gegenüber ruhig und ehrlich fragen: Wer bist du?

Ich denke, daß das erst einmal nötig ist. Nicht jeder kann ein Heiliger sein. Nicht jeder kann ganz Ungewöhnliches leisten. Für mich als Mann erscheint es auch schwer, nur ein ganz „normaler" Mensch zu sein. Wer wäre nicht gern ein großer Wohltäter?

Vielleicht bleibt uns zunächst einmal nichts als die Fähigkeit zur Begegnung wachsen zu lassen, unsere Mitmenschen mit fühlenden Augen anzusehen, die Menschen im Alltag."

Er brach ab und verfiel in Nachdenken. Eine unbestimmte Trauer bemächtigte sich seiner. Auch Chantal sagte nichts mehr. Wortlos und ohne sich zu berühren gingen sie langsam zum Hotel zurück. Der Weg war naß und glitschig. Noch immer fielen Tropfen von den Ästen, die sich kaum in den dichten Nebelschwaden bewegten. Einmal sahen sie sich ernst und ratlos an, und jeder von ihnen ahnte, was der andere fühlte.

Beide fanden sie keine freudigere Antwort, jedenfalls nicht an dieser Stelle ihres Weges.

Sie erreichten das Hotel und aßen wieder mit der Reisegruppe. Es herrschte keine trübselige Stimmung. Im Gegenteil: Hier und da war Lachen zu hören. Man ließ sich das Essen schmecken und auch die Getränke. Sie befanden sich auf einer Reise in den Süden und hatten schon ihre täglichen Pflichten weit hinter sich gelassen. Es war durchaus amüsant, in einer Gruppe zu essen, zu reden, den Abend zu verbringen. Sie waren freundlich zueinander, behelligten sich nicht mit Schwierigkeiten und ließen sich's wohlsein. Als es später wurde, begannen die ersten, zur Ruhe zu gehen. Andere blieben noch und ihr Gespräch, ihr Lachen wurden lauter. Bis auch sie schließlich angeheitert und etwas schwankend in ihren Zimmern verschwanden.

Kapitel 19 – Rom

Am nächsten Morgen nach dem Frühstück machten sie sich auf die endlos scheinende Straße nach Süden. Stunde um Stunde verging. Die karge Landschaft zu beiden Seiten der Autostrada del Sole, die weißen Felsen, die Zypressen und Pinien gerieten zu einer Kulisse eines schmerzvoll weiten Weges. Am späten Nachmittag erblickten sie endlich von einer Anhöhe die Kuppel des Petersdomes und die unüberschaubaren Behausungen der dreitausendjährigen Stadt.

Mühselig und stockend bahnte sich der Busfahrer den Weg durch das Gewimmel der Fahrzeuge und die heiße, mit Abgasen überladene Luft. Es konnte verwundern, daß die alten Platanen am Tiber, die nie die Natur gekostet hatten, noch immer lebten.

Endlich hielt der Bus in einer engen Einbahnstraße, nicht weit vom Vatikan entfernt. Während die Leute ausstiegen und ihr Gepäck in die einfache Unterkunft trugen, begannen hinter dem Bus die römischen Autofahrer bereits wieder zu hupen, um die Ankömmlinge anzutreiben. Das Haus war von franziskanischer Schlichtheit, geleitet von Nonnen in Zivil, die mit der Unterbringung und Verpflegung der Touristen ihren Lebensunterhalt bestritten. Eine freundliche, aber herb wirkende, noch junge Frau, die mit ihren kurzgeschnittenen blonden Haaren und blauen Augen eher nach Deutschland als nach Italien gepaßt hätte, begrüßte die Gäste und händigte der Reiseleiterin die Liste aus, auf der die Namen mit den Zimmernummern vermerkt waren. Die Schlüssel lagen auf einem Tablett bereit, und die Reiseleiterin verteilte sie.

Manuel und Chantal bezogen, ebenso wie die übrige Gruppe, ihr Zimmer. Es war nicht sehr sauber, enthielt zwei Betten, zwei abgenutzte Stühle und einige Kleiderhaken an den Wänden. Das kleine, vergitterte Fenster ließ nur die gleiche Luft herein, die die ganze Stadt zu ersticken drohte. Der zum Zimmer gehörige Duschraum roch stickig und feucht. Das Wasser floß über den gesamten Fußboden des Raumes und trocknete nie vollständig.

Die einfache, schmackhafte Empfangsmahlzeit wurde bald nach der Ankunft in einem engen, stark hallenden Raum mit Holzbänken eingenommen. Dicht gedrängt stärkten sich die Reisenden mit den Speisen, die die Nonnen ihnen eigenhändig auf die Teller legten und tranken den mit Wasser vermischten Wein Italiens. Mit der Wohltat des Essens kam auch die Entspannung, die sich bei der Ankunft nach einer langen Reise einstellt. Langsam ließ die Müdigkeit ihre Gespräche verstummen.

Zwar fand sich noch eine kleine Gruppe Unentwegter, die sich zu einem ersten abendlichen Spaziergang in die Stadt aufmachten, doch die meisten zogen es vor, ihre Zimmer aufzusuchen und zur Ruhe zu gehen.

Drei Tage Zeit für Wanderungen durch die „ewige Stadt", wie viele sie nennen, standen nun auf dem Programm. Waren es die sichtbaren Zeugnisse dreitausendjähriger Geschichte, die die Bezeichnung „ewig" verdienten? Oder gab es noch etwas anderes zu entdecken?

Jeder einzelne aus der Gruppe und alle andern, die nach Rom kamen, konnnten sich auf die Suche machen. Es bestand die Möglichkeit, sich an den geführten Spaziergängen, die für die Reisegruppe veranstaltet wurden, zu beteiligen, oder man konnte allein gehen. Am ersten Tag schlossen Manuel und Chantal sich der Gruppe an. Sie wanderten durch die tiefen dunklen Schluchten der alten hohen Häuser, deren Schmutz und Staub niemand mehr entfernen mochte. In den engen Gassen kreuzten Katzen lautlos ihren Weg, und auf den breiten Straßen toste ein nicht regelbarer Verkehr, der es fast unmöglich machte, einen Gedanken zu fassen. Chantal gewann den seltsamen Eindruck, als sehe sie die Bilder dieser Geschichtswanderungen schon aus einiger Entfernung, wie einen Film vielleicht, den sie betrachtete und der sich in ihrem Gedächtnis mit ihren Empfindungen und Gedanken verband.

So kletterten sie durch die Ruinen des Palatin, wo Cicero geredet hatte und wo Rom den Stolz seiner Macht feierte. Worin, so fragte sich Chantal, lag die Faszination der Macht, der Herrschaft über den größten Teil der damals bekannte Welt? Was hatte die römischen Kaiser zu ihren Eroberungszügen getrieben, was hatte Menschen dazu bringen können, im Colloseum Mitmenschen zur Volksbelustigung zu ermorden? War es die seit Urzeiten nicht überwundene Angst, selbst unterlegen zu sein oder ausgeraubt oder niedergemetzelt von Stärkeren zu werden? War es das grausame Gesetz der Natur, das den andern opfern muß, um selbst zu überleben? Zeugen die unüberwindlichen, die unsterblich starken Steine der antiken Versammlungsorte letzlich vom verzweifelten Lebenswillen, der das Mitgefühl betäubte, um nicht selbst unterzugehen? Die unvorstellbaren Ausmaße der Caracalla-Thermen riefen in Chantal eine wärmere Wirklichkeit wach: Badeszenen voll erotischer Schwüle, Eintauchen in die Berührung mit dem Wasser des Unbewußten, die Schwerelosigkeit des Schwimmens. Hier wurde sich nicht mit prunkender Kraft gepanzert, dachte Chantal, sondern eher Begegnung, Berührung geübt.

Während die Gruppe durch die riesigen, feingemauerten Ruinen des antiken Bades wanderte, fragte sich Chantal, was den andern durch den Kopf gehen mochte, was sie wohl fühlten, woran sie erinnert wurden beim Anblick der roten Ziegelsteine, die zweitausend Jahre überdauert hatten.

Am Nachmittag saßen sie bei glühender Hitze am Brunnen vor dem Pantheon, hörten die Vielfalt der modernen Sprachen, sahen die Touristen jeden Alters. Was zog sie alle hierher? Zu einem Tempel gestorbener Götter, von denen einer doch der „Unbekannte“ genannt wurde! Zieht es die zahlreichen Reisenden der heutigen Zeit vielleicht zu einer ehrfürchtigen Verehrung von Gattungsgenossen, die etwas Tiefes, Wahres aus ihrer Seele zur Darstellung gebracht hatten, das ihr eigenes sterbliches Leben überdauerte? Die steinernen Bauwerke, sind sie nicht ein rührender, ja vielleicht zu Tränen rührender Versuch, länger leben zu dürfen als unsere so vergängliche, so sterbliche Leiblichkeit? Gibt es eine tief verborgene Hoffnung auf Teilhabe an der Ewigkeit des Geistes, die sich in den großen Kunstwerken und den Zeugnissen des Religiösen ausspricht? Vielleicht war es das, was so viele geduldig besichtigen ließ, was die großen Toten geschaffen hatten, deren Namen noch nicht einmal immer überliefert waren. Aber das Geheimnis des Göttlichen lag auf dem Grund aller kreativen Bemühung. In solche Gedanken versunken traten sie ins Pantheon ein. Was mögen sich die Baumeister gedacht haben? Der Tempel erhob sich als halbe Kugel, dessen zweite, unsichtbare Hälfte man sich als verborgen in der Erde denken konnte. In der Mitte der vollkommensten Gestalt, dem Abbild der Erde-ahnten sie die Kugelgestalt damals schon zukunftsweisend voraus? – brach strahlend das Licht in den Raum, durch keine Materie gehindert. Ein Sinnbild eines auch heute noch bewegenden Glaubens. Ist der religiöse Mensch wie dieses Bauwerk: ein Wesen, aus dem Unbewußten aufsteigend zum Sichtbaren und offen für das Ewige, Unendliche, Grenzenlose, so wie die Unendlichkeit des Weltalls, wie das nächtliche Licht der Sterne seit Jahrtausenden in die Öffnung dieses Tempels hineinstrahlt?

Auf dem Rückweg in die Herberge wurden sie schockartig in die gegenwärtige Wirklichkeit zurückgeholt. Drei abgerissen gekleidete, halbwüchsige Mädchen kamen ihnen brüsk und unvermutet entgegen. Mit geübter Schnelligkeit faßten sie eine ältere Dame der Gruppe ins Auge, die eine Handtasche bei sich trug. Die Größte der drei entfaltete eine alte schmutzige Zeitung, hielt sie über die Tasche der Frau während die beiden andern ihr die Tasche entrissen.

Schon eine Sekunde später stürmten sie davon und verschwanden in einer Gasse. Zwei aus der Gruppe rannten ihnen nach, verloren sie aber bald aus den Augen und kehrten betreten zu den andern zurück. Die ältere Dame verlor die Fassung, jammerte ihren gestohlenen Sachen nach und wußte vor Ratlosigkeit nicht ein noch aus. Auch den übrigen war das Interesse an Geschichte und Kunst fürs erste vergangen, zumal sich niemand die geringsten Hoffnungen machte, daß die Frau ihre Habseligkeiten wiederbekommen könnte. Die Folge war, daß alle nach ihren Geldbeuteln faßten, um sie noch sicherer zu verwahren. Einer sagte spontan zu der Frau, daß man in der Pension für sie sammeln werde, damit sie nicht mittellos dastände. Die Ausweispapiere jedoch ließen sich nur unter Ärger und Schwierigkeiten ersetzen. Diese Begebenheit warf einen Schatten auf die weiteren Unternehmungen, denn trotz allen Zorns auf die Räuberbande, wurden doch auch Stimmen laut, die sich mit der Verlassenheit und Einsamkeit vieler solcher Kinder in modernen Großstädten zu befassen begannen. Die Straßenräuberkinder nahmen sich brutal und erbarmungslos, was sie brauchten und was ihnen ihre Eltern vorenthielten, weil sie selbst arm und ungebildet, zu kurzgekommen waren. Wer blickte sie in dieser, zum Teil so elenden, zum Teil so kalt erhabenen Steinwüste an? Wer interessierte sich für sie? Wer schuf ihnen einen Zufluchtsort der Zärtlichkeit, wo ihre Seele sich aussprechen konnte? Nichts davon hatten sie jemals gekannt. Die reichen Touristen zu berauben, die sich Reisen in fremde Länder leisten konnten, bereitete ihnen gewiß keine Gewissensbisse, zumal so etwas Hohes wie Gewissen in ihrer Welt nirgends vorkam.

So kam es, daß die Gespräche beim Abendessen sich mehr mit der Gegenwart beschäftigten als mit der allseits so bewunderten Vergangenheit. Hautnah und schmerzlich traten die harten Kontraste im Lebensgefühl heutiger Menschen ins Bewußtsein. Und niemand sah einen wirklichen Ausweg, eine Möglichkeit, etwas Entscheidendes zu ändern. Was sie erfahren hatten, war ein Beispiel menschlichen Elends, das, wie alle wußten, millionenfach auf der Erde anzutreffen war, so daß niemand wußte, wo oder wie er dem hätte Einhalt gebieten können. Und so kam es auch, daß die resignierenden Gefühle am nächsten Tag langsam wieder in einen neugierigen Optimismus übergingen, als die Gruppe zur nächsten Romwanderung aufbrach, um diesmal den Zeugnissen des christlichen Glaubens näherzutreten.

Sie begannen mit der Kirche, die so lange als die wichtigste Kirche Roms galt: San Giovanni in Laterano. Kalt und wie vergessen stand die prächtige steinerne Halle inmitten der tosenden, abgasgeschwängerten Straßen. Selbst die sonst allgegenwärtigen Touristen waren hier spärlicher anzutreffen als anderswo. Der Staub und Lärm der Metropole drang in den gewaltigen, leblos wirkenden Raum. Chantal gelang es nicht, noch Spuren einstiger Inbrunst zu entdecken. Die Zeit war darüber hingegangen und hatte sie ausgelöscht.

Einen ganz anderen Eindruck gewann Chantal in Santa Maria Maggiore. Die unvorstellbare goldüberströmte, materielle Pracht der Ausstattung stammte, wie jeder weiß, von ebenso unvorstellbar furchtbaren Raub- und Mordzügen der Eroberer Mittel- und Südamerikas. Angeblich zur Ehre Gottes und Marias wurden die geraubten Schätze in diesem Bauwerk verwandt. Jedoch, die heutigen Zeitgenossen hatten das nicht zu verantworten. Das prunkvolle Haus stand offen für Arm und Reich, sogar Sitzgelegenheiten für müde Leute gab es hier. Man durfte rasten. Eine ganze Anzahl von Priestern saßen in Beichtstühlen, die mit Schildern gekennzeichnet waren, auf denen man lesen konnte, in welchen verschiedenen Sprachen man dort seine Sünden, vielleicht auch Sorgen bekennen durfte. Ein paar Menschen mit einem offenen Ohr also. Wie ungeschickt sie auch sein mochten,

Chantal erschienen sie doch als ein Zeichen von Mitmenschlichkeit. Einzelne Personen knieten auch in den Beichtstühlen nieder und teilten den Priestern etwas mit. Vielleicht hatten sie niemand sonst, dem sie auf andere Weise, nicht auf Knien und nicht durch ein Gitter hindurch, und nicht so verstohlen, ihr Herz hätten eröffnen können. Womöglich auch suchten sie zuerst lange nach „Sünden", um eine Berechtigung zu finden, etwas doch noch anklingen zu lassen, von dem, was sie wirklich bewegte, bedrückte und schmerzte.

Und die Priester selbst, die dort saßen und warteten, alt zumeist, waren sie nicht selber einsam, froh vielleicht, etwas zu hören, ein persönliches Wort von einem Mitmenschen, von einer Frau?

Was hatten sie „zu Hause" denn? Mit wem konnten sie ihr Leben teilen? Mit Gott? Kein Kind hatten sie und keine Frau, oder wenn, dann geheim. Zudem- nicht mehr viele wollten ihre Dienste haben. Sie hatten Zeit, aus dem Fenster des Beichtstuhls die langsam herumgehenden Touristen zu beobachten. Chantal blickte etwas ratlos zu ihnen hin, zu einem „normalen" Gespräch gab es keinen Anlaß, und gebeichtet hatte sie schon lange nicht mehr, seit ihrer Jugend, so überlegte sie. Von Sünden fühlte sie sich nicht belastet, und auf die vielen quälenden offenen Fragen wußten diese Priester ebensowenig wie sie selbst eine Antwort. Was Chantal am meisten erstaunte, war die Tatsache, daß die Kirche es so viele Jahrhunderte hindurch vermocht hatte, den

Leuten ein Sündenbewußtsein einzureden und sie seelisch zu beherrschen. Wie konnten sich das so viele gefallen lassen?. Jetzt aber war es weithin vorbei, das sah jeder. Sogar in Rom.

Auf ihrem Weg nach Sankt Peter sahen sie die Engelsburg, eine imposante Festung mit undurchdringlichen Mauern. Päpste hatten sich darin verschanzt. Sie hatten wohl Grund zu solch ungeheuren Ängsten. Ebenso abweisend und unübersteigbar wirkten die Mauern des Vatikan. Päpste, Kaiser und Könige glichen sich auf traurige Weise: Sie hatten es nicht vermocht, Liebe zu wecken. So blieb ihnen nichts anderes übrig, als sich hinter Steinwällen zu verstecken und Wächter zu ihrem Schutz zu dingen. Mit den einfachen Leuten, als deren Herrscher sie sich aufspielten, pflegten sie keine Gemeinschaft. Ihren Besitz mußten sie hüten, etwas Geistiges gab es wohl doch nicht zu teilen, trotz aller großsprecherischen Beteuerungen.

In den Sälen und Gängen der vatikanischen Museen fragte sich Chantal, ob es eine Aufgabe der Kirche sei, die Kunst der Jahrtausende zu hüten und zugänglich zu machen. Die Frage schien ihr nicht leicht zu beantworten, gab es doch eine tiefe Verbundenheit zwischen Glaube und künstlerischem Ausdruck, vielleicht lag wirklich der Ursprung der Kunst in der Frage nach Gott, und der religiöse Mensch neigt zur Kunst und gab seinen unaussprechlichen Ahnungen einen bildhaften, hintergründigen Ausdruck in den kreativen Werken.

Wie die unzähligen andern Menschen ließ sich auch Chantal anrühren von manchem Bild und mancher Statue, in die sie sich vorsichtig und scheu vertiefte, mit ruhigerer Nachdenklichkeit als in lebende Menschen, die man so unverhohlen und meditativ nicht anzublicken wagt. Sie empfand es auch als wohltuend, wie schon oft in anderen Museen, daß sie dort mit Menschen zusammen war, die in der Mehrzahl zu schweigender Betrachtung in der Lage waren und die Kunst nicht durch Geschwätzigkeit erstickten.

Der nächste Vormittag war einer Massenaudienz mit dem Papst auf dem Petersplatz gewidmet, und am späten Nachmittag fand ein Gottesdienst in St. Peter statt, der zugleich den Abschluß des Romaufenthaltes für die Gruppe Chantals bildete.

Chantal gestand sich und auch Manuel unumwunden ein, daß es keineswegs Verehrung für den Papst war, weshalb sie zu dieser Veranstaltung ging. Eher wollte sie zu verstehen versuchen, warum Tausende ihre Zeit dafür hergaben.

Der Petersplatz war in kleine Bereiche unterteilt mit Hilfe von Holzbarrieren, die Chantal sofort an Schafgatter erinnerten, die man auf der Weide aufstellt. Eine große Menge Schweizer Gardisten hatten es nicht leicht, die ungezügelte Menge in die Gatter zu verteilen. Der Auftakt ließ stark an ein Fußballstadion denken, in das die Zuschauer einzogen, um im siegreichen Ruhm ihrer Mannschaft zu baden. Innerhalb der abgegerenzten Bereiche waren Stühle aufgestellt, die Leute brauchten nicht zu stehen. In kurzer Entfernung von der Freitreppe zum Petersdom stand für alle sichtbar, ein prachtvoller Sessel mit Baldachin, auf dem der Papst Platz nehmen sollte. Da „das Volk“ lange vor Beginn der Veranstaltung anwesend sein mußte, vertrieben sich die Leute die Zeit mit Reden. Chantal las etwas unkonzentriert in einer Zeitschrift und sah auch immer wieder in die Runde. Sie fühlte sich nie gut inmitten von so zahlreichen Menschen. Es bedrückte und erstickte sie fast, Teil einer so unüberschaubaren Menge zu sein. Aber sie wollte ja hier etwas verstehen. Deshalb blieb sie. Günstigerweise brannte die Sonne nicht direkt auf den Platz, sondern die Hitze drang, gedämpft von einer dichten Wolkenschicht, mit verminderter Kraft auf die Menschen.

Endlich ertönten Fanfaren, die den bekannten Christushymnus intonierten. Der Papst erschien in seinem weißen Gewand, das kein europäischer Zeitgenosse tragen würde. Ein Bibeltext wurde in mehreren Sprachen vorgelesen und kommentiert. Chantal empfand die Texte als das, was sie auch waren: Aussagen einer lange versunkenen Epoche, die sich Gott als regierenden Herrscher vorstellte. Chantal hatte alles schon vergessen, kaum daß es gesagt war. Ein Bischof aus Deutschland kniete vor dem Papst nieder, um ihm zu huldigen, vielleicht ihm seinen Gehorsam zu bezeugen. Chantal empfand es als peinlich und unverständlich.

Schließlich stieg der Papst in das bereitstehende, gepanzerte Auto. Zwei sehr kräftig wirkende Bodyguards in schwarzen Anzügen postierten sich hinter ihm, und die Fahrt durch die Menge begann. Manche der Leute, an denen er direkt vorbeifuhr, streckten ihm eine Hand entgegen, die er im Vorbeifahren ergriff. Chantal stand nicht so nahe, aber sie verspürte auch kein Verlangen, den Weißgewandeten zu berühren. Sie fühlte sich ihm nicht seelisch verwandt. Was wollte er selbst bei diesem Spektakel? Fühlte er sich wie „Gottes Stellvertreter"? Wie konnte sich jemand nur so etwas vorstellen? Schließlich entschied sich Chantal, vorzeitig zu gehen. Sie erzählte den wachhabenden Gardisten, es sei ihr nicht gut, und man ließ sie gehen. Erst als sie aus dem Gewühle heraus war, fühlte sie sich besser. Sie sah noch einmal zurück auf die vieltausendköpfige Menge und atmete auf, daß sie nicht mehr dazugehörte.

Nach dem Mittagessen in der Herberge ruhte sie eine Weile und überlegte, ob sie noch zum Gottesdienst in den Petersdom am Nachmittag gehen solle. Sie entschied sich, zumindest hinzugehen und ließ offen, was sie dann dort tun würde.

Sie hatte nie eine Kirche gesehen, die einen so ungebrochen triumphalistischen Eindruck auf sie gemacht hätte. Die unzähligen Menschen, die kreuz und quer in dem immensen Bauwerk herumliefen, wirkten wie Ameisen, so klein und unscheinbar, so erdrückt von der Gewalt des Prunks. Der Fels war das Sinnbild für die katholische Kirche und das Papsttum. Eben schritten in langer Prozession etwa fünfzig Priester aus der Sakristei, um hinter dem hohen Baldachinaltar in einem dafür eingerichteten Bereich die Messe zu zelebrieren. Chantal faßte sie ins Auge, wie sie dort einzogen. Sie blickte in ihre Gesichter und sie sah, daß sie in der Mehrzahl sehr alt und gebrechlich waren. Viele bewegten sich beschwerlich und mühsam fort. Sie sahen niemanden an. Chantal fröstelte es. Sie ging nicht zu dem Bereich der Liturgie. Der Petersdom stand unerschütterlich fest seit Jahrhunderten. Der Felsen wankte nicht. Aber – war er vielleicht doch nicht mehr fern der Zeit, da er zum Grabstein wurde, zum Denkmal eines Glaubens, der die Seelen der fühlenden und denkenden Menschen und ihre Sehnsucht nicht mehr betraf?

Kapitel 20 – Ein Jahr später

Ein Jahr war seit der Romreise in jenem Sommer 1990 vergangen. Deutschland feierte die so lange schmerzlich ersehnte Wiedervereinigung als einen Tag der Erlösung. In dieser Festnacht dachte wohl kaum einer an die Schwierigkeiten, die auf alle warteten. Strahlend und unbesiegbar wie die Sonne leuchtete die Freiheit in allen fühlenden Herzen auf. Jeder, der vorher die Unterdrückung erfahren hatte, ob im Osten an der eigenen Person oder im Westen als Mitempfindender, atmete auf und wurde sich bewußt, daß die Gerechtigkeit einige Schritte vorangekommen war. Chantals Freude reichte tief. Sie hatte mit vielen andern den Wunsch und die Zuversicht, daß das Bewußtsein von Freiheit und Selbstbestimmung der einzelnen Person über alle äußeren Gräben und Schluchten hinweg die Menschen tragen würde und die nötige Großzügigkeit und Solidarität in ihnen wecken würde.

Chantal hatte mehrere Interviews in ihrer Zeitung veröffentlicht und mit jeder Person, die ihr etwas Wesentliches von sich mitteilte, lernte sie eine neue Sichtweise des Lebens kennen. Sie fühlte, daß es Dankbarkeit war, was ihre Gesprächspartner und sie miteinander verband. In der Bibliothek hatte sie als Neuerung eingeführt, daß auch CDs und einige Texte in Blindenschrift ausgeliehen werden konnten, was bis dahin in ihrer kleinen Stadt nicht üblich gewesen war.

Enrico hatte sie nicht mehr wiedergesehen. Nach ihrer letzten Begegnung suchte sie ihn oft in ihren Gedanken, fühlte ihn in ihrer Nähe. Es wurde ihr bewußt, daß sie mit wacherer Aufmerksamkeit als früher zuhören gelernt hatte. Sie fühlte sich mehr zu Hause bei sich selbst und freier und unbefangener im Gespräch. Es erstaunte sie, daß sie die langsame Entfernung von ihm kaum als Schmerz wahrnahm, eher nahm sie ihn als einen Duft oder einen Geschmack des Lebens mit in die Zukunft. Er war ein Teil von ihr geworden, auch wenn sie ihn äußerlich nicht mehr sah. Es gab eine geistige Verbindung, eine seelische Berührung, die blieb, wenn eine Begegnung gelungen war. Es war wie wenn die Schwalben, die einen ganzen Sommer in der lichten Wärme ihre trunkenen Kreise gezogen hatten, nun im Herbst davonfliegen: Einen Augenblick lang steigen Schmerz und Tränen aus der Tiefe auf, bis man sich erinnert an die unzerstörbare Lust ihres Fluges und den ganzen Winter lang weiß, daß ein neuer Sommer kommen wird.

Chantals Zuneigung, den Büchern und den lebenden Menschen zuzuhören wuchs noch. Enrico hatte ihr Herz weiter und tiefer gemacht, und so lebte er in ihr, so nahm sie ihn mit.

Noch etwas war geschehen, was Chantal mit ängstlicher Spannung erfüllte: Sie gehörte zu zwanzig Journalisten, Schriftstellern und Psychologen, die man in die engere Wahl für den geplanten Weltraumflug ausgesucht hatte. Sie war bereits ärztlich untersucht worden, wobei sich kein gesundheitliches Hindernis herausgestellt hatte. Im Lauf der nächsten drei Jahre hatte sie nun schwierige Härtetests zu bestehen. Es war noch nicht entschieden, ob sie es sein würde, die schließlich mitfliegen durfte, aber sie sah sich der Erfüllung eines seltsamen Traumes, der aus Neugierde und einer fast religiösen Sehnsucht geboren war, schon viel näher. Sie wollte sich die Hoffnung bewahren, eines Tages wirklich ins Weltall aufzubrechen.

Chantal mußte sich nun von Zeit zu Zeit bereitfinden, anstrengende Belastungstest ihrer körperlichen Kräfte durchführen zu lassen.

Ebenso erging es den übrigen Kandidaten. Man ging nicht zimperlich mit ihnen um. Sie bekamen zu verstehen, daß nur einer von den zwanzig Bewerbern ins All geschickt würde. Die übrigen müßten sich trotz verlorenen Zeitaufwands und überstandener Strapazen damit abfinden, nicht mitfliegen zu können.

Auch psychologische Kurse mußten die Kandidaten besuchen. Jeweils drei von ihnen beteiligten sich mit andern Personen, die nichts mit dem Weltraum-Projekt zu tun hatten, an Selbsterfahrungstrainings, in denen sie tieferen Zugang und genaueren Aufschluß über ihre seelische Entwicklung finden sollten.

Die Situation in einer solchen Gruppe hatte einige Parallelen zu der im Raumschiff, insofern die Gruppe von der Umwelt abgeschlossen, nur auf sich gestellt war. Die Nähe des Zusammenlebens, die Beschäftigung mit den wesentlichen

Gefühlen der Gruppenmitglieder, das Mitempfinden und Miterleiden dessen, was den einzelnen betroffen machte, war eine Vorbereitung auf die unbekannte und auch nicht wirklich einzuübende Lage, die Menschen in einer Weltraumkapsel erwartete. Für den Berichterstatter sollte es eine Vorübung zur Wahrnehmung von Gefühlen sein.

Es zeigte sich bald, daß gerade das von den Teilnehmern als ungewohnt und belastend empfunden wurde.

Die äußeren Gegebenheiten der Gruppe wichen schon so phantastisch von ihrem Alltag ab, daß sie sich wie losgelöst von ihrem sonstigen Leben erfuhren. Sie bewohnten ein Bildungshaus, das in einer einsamen, lieblichen Mittelgebirgslandschft gelegen, von Wiesen, Wäldern und Feldern umgeben und fern allen Verkehrslärms versteckt lag. Vor dem Haus grasten einige weiße und ein schwarzes Schaf, die sich gerne von den Fremden streicheln ließen. Die friedlichen Tiere waren sogar so schlau, sich gegenseitig beim Rupfen begehrter Blätter vom Apfelbaum behilflich zu sein, indem eines das andere mit den Vorderbeinen auf seinen Rücken steigen ließ. Einmal balgten sich zwei Böcke und führten einen Kampf ums Revier aus. Doch am nächsten Tag grasten sie wieder zusammen auf derselben Wiese.

Am späten Nachmittag ihrer Ankunft ließ Chantal, der diese sanfte Hügellandschaft das Herz weitete, ihre Blicke über die leichten Schwingungen dieser träumerischen Gegend gleiten, und ein starkes Gefühl der Freude am Leben überkam sie.

Die Wiesen schimmerten in unzähligen Grüntönen, schwerelose Wolken vergingen im grenzenlosen Blau des Himmels. Die schmale asphaltierte Straße, die zum Bildungshaus führte, glühte vor Hitze.

Chantal war als erste angekommen. Und es blieben ihr noch zwei Stunden Zeit bis zum Abendessen, zu dem auch die andern kommen sollten. Sie hatte die Jeans der Reise ausgezogen und gegen eine weiße Baumwollbermuda vertauscht. Dazu suchte sie sich ein melonenfarbiges T-Shirt aus. Dann zog sie ihre blauen Sandalen wieder an und ging durch das weitläufige, steinerne Treppenhaus zum Ausgang, vorbei an einem Tisch, auf dem meditative Schriften auslagen. Nahe bei der Tür traf sie einen schwer gehbehinderten, abgemagerten Mann in vorgerückten Jahren. Er lächelte ihr freundlich zu. Spontan streckte sie ihm die Hand hin, und er ergriff sie gerne. Wie seine Beine so waren auch seine Hände von der Krankheit gezeichnet, die er durchgemacht hatte. Es fiel ihm schwer, den Händedruck Chantals zu erwidern. Aber sie berührten sich einen Augenblick und sahen sich schweigend an. Dann sagte er: „Ich wünsche Ihnen eine gute Tagung." Chantal sagte „danke" und ging hinaus. Ihre Gedanken blieben noch bei dem Mann. Es gab ihr immer einen Stich ins Herz, wenn sie einem so leidenden Menschen begegnete. Warum durfte er nicht gesund sein wie sie? Warum mußte er sich bei jedem Schritt mühen und anstrengen? Gab es einen Gott, der das so wollte? Chantal hätte kein Geschöpf so behindern wollen. Am liebsten hätte sie ihn geheilt, wenn das in ihrer Macht gestanden hätte. Langsam ging sie die heiße Straße entlang, aus Furcht, der Mann könne sehen, wie mühelos sie gehen konnte. Als der Weg in einer scharfen Kurve nach rechts verlief und das Haus von dem dort beginnenden Wald verdeckt wurde, überkam Chantal eine heftige Lust, mit allen Kräften loszurennen, die Beinmuskeln zu fühlen, den heißen Wind in den Haaren, das Herzklopfen, die Atemlosigkeit. Für einige Sekunden holte sie alles aus sich heraus, bog auf die Wiese ab, wollte fühlen, welche Kräfte in ihr verborgen waren. Dann konnte sie nicht mehr und ging schweratmend langsam weiter.

Der Wald duftete würzig, die Wiesen strömten die Hitze des Spätnachmittags aus. Chantal zog die Sandalen aus und ging vorsichtig und voll Gefühl über die kurzen Gräser in der Mitte des Weges. Sie spürte die Halme glatt und kühl unter ihren Fußsohlen und genoß bewußt jeden Schritt. Weit und breit war kein Mensch zu sehen. Sie legte sich auf die warme Erde und betrachtete die Halme der Blumen und Gräser mit ihrem wunderbaren Schattenspiel, die Fliegen und Käfer, die durchscheinenden grünen Flügel der Grashüpfer. Das Zirpen der Grillen erweckte alle sinnliche Lust des Sommers in ihr. Sie ließ sich davon durchdringen und bewahrte die Freude dieser Stunde in sich auf.

Sie war gespannt auf die noch unbekannten Teilnehmer des Kurses. Wer verbarg sich hinter den Namen, die sie auf der Liste gelesen hatte? Es war spannend wie das Warten auf eine undurchschaubare Überraschung.

Erwartungsvoll ging sie zum Haus zurück, wo gerade ein Auto ankam, aus dem ein zartgebauter Mann mit schwarzen Haaren und kurzgeschnittenem Vollbart stieg. Er zog seinen schweren Rucksack aus dem Kofferraum. Bergstiefel baumelten daran. Er kam gerade aus den Alpen, um den Kurs zu halten, denn er war der Leiter, wie sich bald herausstellte. Er gab Chantal die Hand und sagte: „Guten Tag, ich heiße Bruno Walder." „Guten Abend, ich heiße Chantal Weiher", antwortete sie. In der nächsten halben Stunde kamen die meisten der zehn andern Männer und Frauen an, bekamen ihre Zimmer, packten ihre wenigen Sachen aus.

Beim Abendessen waren alle bis auf einen am Tisch im Erdgeschoß versammelt. Die Verlegenheit war noch nicht geschwunden. Allen machte noch die Fremdheit zu schaffen. Sie aßen ihr Brot, tranken ihren Tee und sahen sich möglichst aufgeschlossen an, versuchten einfache, unverbindliche Unterhaltungen. Ein Platz war noch unbesetzt, einer fehlte noch. Der Speisesaal lag so, daß eine Treppe zu ihm hinunterführte. Über diese steinerne Stufen sah Chantal als erstes die mit Bermudas bekleideten Beine, die Füße in weißen Sandalen, einen Mann heruntereilen und sich zu ihnen an den Tisch setzen. Er war schlank und sportlich, seine grauen Augen sahen aufmerksam die Tischgenossen an. Seine rötlich blonden sehr dichten Haare und sein heller Teint gaben ihm ein jugendliches Aussehen, obwohl er die Vierzig schon überschritten hatte. Er nannte sich Oliver. Chantal beachtete ihn nicht mehr als die andern. Sie war eher in sich versunken, hatte keinen großen Hunger, bemühte sich dennoch, etwas zu essen und sprach wenig. Chantals Nachbarin erzählte, daß sie am Vorabend viel Alkohol getrunken habe, und Chantal horchte auf, sagte aber nichts. Bald räumten sie das Geschirr auf einen Wagen und gingen auf ihre Zimmer, um sich auf die erste Sitzung vorzubereiten.

In der Abenddämmerung saßen sie in einem einfachen Gruppenraum in einem Stuhlkreis, stellten sich vor, sahen sich aufmerksam an. Der Leiter lenkte ihre Gedanken auf ihre Gefühle beim Verlassen ihrer gewohnten Umgebung, ließ dann jeden an einen bedeutsamen Traum denken, der ihm in Erinnerung geblieben war, ließ jeden den Traum erzählen. Stille kehrte ein. Das Innen gewann Gestalt, wurde bewußt. Sie begannen, sich mitzuteilen. Die Ferne vom Alltag erleichterte das Sprechen.

Das eigene Bewußtwerden, die erste Wahrnehmung der Gruppenmitglieder ließ die Seele weit werden und aufnahmebereit. Die meisten gingen bald nach Abschluß der Sitzung schlafen, auch Chantal. Sie sollten auf ihre Träume achten, hatte Bruno gesagt. Chantals Bett stand in einer Ecke, die auch gleichzeitig die Hausecke war. Nachdem sie sich zugedeckt hatte und alles still war, hörte sie das vertraute und beruhigende Geräusch eines sanften Sommerregens, der leise rauschte und die Pflanzen draußen tränkte. Befriedigt schlief sie ein, und trotz Brunos Hinweis, versickerten ihre Träume am Morgen, als sie erwachte und erwartungsvoll an den Tag dachte.

Nach dem Frühstück begann die Arbeit. Jeder sollte einen Traum bildlich gestaltet auf ein großes Blatt malen. Dazu sollte man sich allein auf sein Zimmer zurückziehen. Chantal malte absichtlich einen Traum, mit dem sie nicht viel anzufangen wußte und war gespannt auf die Einsichten, die ihr in der Gruppe daraus erwachsen würden. Als alle wieder versammelt waren, bekam erst jeder Gelegenheit, über seine augenblicklichen Gefühle zu sprechen.

Chantal empfand schon bald, wie anstrengend es war und wieviel Aufmerksamkeit es ihr abverlangte, jedem einzelnen einfühlsam und teilnehmend zuzuhören. Sie versuchte sich auch ungeschminkt ihre verschiedenartigen Gefühle den Betreffenden gegenüber klarzumachen. Nicht jeder war ihr sympathisch, nicht alles fand sie ebenso schwerwiegend wie der Erzähler. Als sie selbst an der Reihe war, wurde ihr bewußt, wie gern sie sich mitteilte und wie ihre Gedanken und Gefühle dabei an Kontur gewannen.

Nach dem Mittagessen und einer Ruhepause, die Chantal allein im Wald verbrachte, traf sich die Gruppe wieder. Einer nach dem andern zeigte sein Bild den übrigen und begann, es zu erklären. Es dauerte lange, wie sich bald herausstellte. Es war auch vorgesehen, daß jeder über eine Stunde Zeit haben sollte, denn es zeigte sich, daß die Bilder, die die Träume hervorgebracht hatten, im Zusammenhang standen mit der Lebensgeschichte und insbesondere mit der Leidensgeschichte des Träumers. Sie verbrachten mehrere Tage in mitfühlendem, oft auch sehr belastendem Zuhören dessen, was vielleicht noch nie ausgesprochen, vielleicht noch nicht einmal ansatzweise vorher verstanden worden war.

So kam auch Oliver an die Reihe. Sein Bild zeigte ein sinkendes, fast schon vom Meer verschlucktes Schiff. Die Passagiere schwammen unsinnigerweise aufs Meer hinaus, er selbst als einziger wandte sich dem Land zu, von dem er Rettung erhoffte. Die Küste sah man ganz in der Nähe, Berge und ein Bach ließen sie anziehend und lieblich erscheinen. Oliver, der als Internist in einem kleinen Krankenhaus im Westerwald arbeitete, erzählte von seinem Beruf und seiner Ehe. Beide Bereiche brachte er mit dem gestrandeten Schiff in Zusammenhang. Es war ihm schon vor längerer Zeit klargeworden, daß die Ehe, die er während der ungeplanten Schwangerschaft seiner Frau geschlossen hatte, weder eine freie Entscheidung gewesen war noch zu einer tiefen seelischen Verbundenheit geführt hatte. Auch in eine Kollegin in der Klinik hatte er sich verliebt, aber diese hatte sich von ihm nach kurzer Zeit getrennt. Sein Beruf bedrückte ihn mehr als daß er ihn als Erfüllung empfand. Täglich begegnete er den vorwiegend älteren Menschen im Krankenhaus, die an furchtbarsten und oft unheilbaren Krankheiten litten. Vielen konnte er nicht wirklich helfen, manche waren zusätzlich zu ihren körperlichen Gebrechen auch noch alleinstehend oder geistig verwirrt. Sie erhofften von ihm als Arzt Hilfe und Hoffnung für ihr Leben, und er konnte ihnen oft nur ein chemisches Mittel anbieten, das kaum mehr als eine seelische Vertröstung bedeutete. Zwar gab er sich, wie er erzählte, alle Mühe, ihnen menschliche Wärme und Verständnis entgegenzubringen, aber das viele Elend, mit dem er sich konfrontiert sah, deprimierte ihn oft in einem Maß, daß ihm die Kraft fehlte.

Oliver hatte eine Zeitlang eher vor sich hin als zu den Gruppenmitgliedern gesprochen. Jetzt blickte er auf, sah jeden an, sein Blick blieb einen Augenblick länger, überrascht und fragend auf Chantals Gestalt haften, wandte sich nach innen, als höre er dort auf etwas. Dann überstürzten sich seine Gedanken fast. In seiner Stimme lag ein Ausdruck von Verzweiflung und manchmal auch von Resignation: „Warum findet sich so entsetzlich viel Leid und Elend auf der Welt? Früher habe ich einmal an Gott geglaubt. Ich habe mir auch einreden lassen, er sei ein guter Vater, Jesus habe die Menschen durch seine Kreuzigung „erlöst", Gott „begleite" uns und was es an grotesken Aussagen noch mehr gibt. Mein Leben als Arzt belehrt mich täglich eines Schlechteren. Wenn es denn einen Gott gibt, warum dann die vielen Krankheiten? Warum sollen die Menschen gutmachen, was Gott ihnen auferlegt hat? Und wer nicht krank ist, lebt womöglich in dauernder Angst davor. Warum läßt Gott sich niemals sehen? Entweder es gibt ihn nicht oder er interessiert sich nicht für uns.

Wenn ich miterlebe, unter welchen Leiden Menschen sterben, denke ich manchmal, daß ein Mensch, würde er einem Mitmenschen solches antun, dafür vor Gericht gestellt und ins Gefängnis geworfen würde. Der Glaube an einen gütigen Gott läßt sich mit meinen Erfahrungen als Arzt nicht in Einklang bringen."

Oliver stöhnte vor Schmerz und auch vor hilfloser Wut. Die Gruppe schwieg. Hier gab es nichts zu beschönigen oder zu verharmlosen. Oliver sprach ihnen aus der Seele und es fiel trotzdem einigen sehr schwer, sich der Wahrheit dieser Gedanken so schonungslos auszusetzen. Der Leiter sah Oliver, der ihm gegenübersaß, ruhig an. In seinem Gesicht sah man die gereizten Nerven zucken. Es gab keine Fragen, und niemand kommentierte etwas. Aber eine starke Verbundenheit und eine tiefe Einfühlung ließ sie zu einer Gemeinschaft werden. Im ausgesprochenen Schmerz des einen fand jeder sich auch selbst wieder, begegnete seinen eigenen Fragen, wurde sich bewußter, wo er mit Oliver übereinstimmte und wo er anderes empfand. Schweigend verließ die Gruppe den Raum, und jeder blieb eine Zeitlang mit sich allein.

Kapitel 21 – 2024

Seit dieser Zeit waren nun 34 Jahre vergangen und man schrieb das Jahr 2024. Chantal war nicht in den Weltraum geflogen. Die Kinder waren erwachsen geworden und hatten geheiratet. Leo wurde Lektor in einem Verlag und Genia Lehrerin für Mathematik und Musik. Manuel und Chantal durften ihre zwei Enkel sehen, sie in den Armen halten, mit ihnen spielen, ihre ersten Schritte erleben und sie hüten, wenn die Eltern einmal Hilfe benötigten.

Die ganze Erde war anders geworden. Seit damals hatte sich die Weltbevölkerung noch einmal um drei Milliarden vermehrt mit den Folgen bedrohlicher Klimaveränderung, vermehrten Elends in vielen Teilen der Erde trotz Dauerhilfen. Niemals zuvor hatten so viele Menschen gleichzeitig den Planeten bewolmt. Die Menschenmassen brauchten Nahrung, Wohnungen, Schulen, Ausbildung und Arbeitsmöglichkeiten, was für so viele in zahlreichen Ländern nicht gelang. Zwar wurden Naturgebiete und Regenwälder verkleinert, aber die Zahl der Menschen wuchs jährlich um ca. 80 Millionen und das Elend auch. Waren die Menschen selbst schuld an der Erderwärmung? Durch den übermäßigen „Konsum" in manchen Ländern oder die hemmungslose Vermehrung in anderen Teilen der Erde? Immer wieder brachen Kriege aus. Ein einziger Machthaber konnte Krieg beginnen, tausende junge Männer und Zivilisten sterben lassen, Unzählige in Armut, Obdachlosigkeit, Verwundung und Versehrtheit stürzen, und Millionen Friedliebender sahen keine Möglichkeit, dem ein Ende zu setzen.

Eine große Zahl von Menschen suchte Schutz und Hilfe oder ein anderes Leben in Europa, besonders in Deutschland, was bei Einheimischen langsam zu Angst und Unsicherheit, auch zu Überforderung führte. Oft hörte man in öffentlichen Verkehrsmitteln nur noch unverständliche Sprachen, mancher fühlte sich fremd im eigenen Land. Der Ton wurde rauer, die Politik erschien hilflos und löste Unmut und Ablehnung aus. Straßen und Züge waren überfüllt. Kulturen prallten oft unvereinbar aufeinander. „Ehrenmorde" kamen vor, Jugendliche und Polizisten fielen islamistischen Messerattentaten zum Opfer. Christliche und islamische Wertvorstellungen passten nicht zusammen. Der Versuch friedlichen Zusammenlebens wurde dadurch auf die Probe gestellt.

Die Vollversorgung ohne Gegenleistung illegal Eingewanderter, die ihre Pässe absichtlich vernichtet hatten, wurde von vielen, die arbeiteten, als ungerecht empfunden und rief Wut hervor. Die Menschenrechte, besonders der Frauen, wurden in vielen Ländern verletzt. In den Weltmeeren schwammen riesige Mengen Plastikmüll, Fische fraßen davon und starben.

Die Hoffnung auf Frieden, die es früher einmal gegeben hatte, verflüchtigte sich mehr und mehr. Dann fiel auch noch die Pandemie über die Erde her. Kaum jemand wusste damit recht umzugehen. Schuldzuweisungen nach allen Seiten und feindselige Gefühle waren die Folge. Kindern und Jugendlichen wurde es verboten, in die Schule zu gehen, und die Verantwortlichen sahen nicht, welche seelischen Verletzungen das bei den jungen Menschen hervorrief.

Auch in den christlichen Kirchen traten Probleme zu Tage. Sexueller- und Machtmissbrauch erschütterten die Gemeinschaft. Hunderttausende traten aus den Kirchen aus.

Ein Schatten schien über der Erde zu liegen.

Manuel und Chantal waren nun alt geworden. Sie hatten ihr Leben erfahren und gelebt mit Zeiten der Freude, mit Augenblicken des Glücks in der Tiefe der Begegnung mit der geheimnisvollen Erfahrung der Liebe und auch mit Schmerz und Trauer über den Verlust von Weggefährten.

Der Blick zurück auf ein langes Leben hatte sie hellsichtig gemacht für ihre eigenen Fehler und Unvollkommenheiten.

An einem Winterabend saßen sie zusammen, dicht beieinander auf dem Sofa.

„Wie gut ist es, dass wir uns gefunden haben, Manuel“, sagte Chantal, „mir kommt jetzt so oft zu Bewusstsein, dass ich vieles hätte besser machen können, dass ich zu Dir hätte liebevoller und selbstloser sein sollen. Ich habe oft zu viel an mich selbst gedacht und zu wenig an Dich. Für die Zeit, die uns noch bleibt, versuche ich, sensibler zu sein für Dich, der Du wie ein Teil von mir bist.

Was nicht gut genug war, tut mir tief Leid, und es bleibt nur noch wenig Zeit, es besser zu machen."

„Ja, Chantal", antwortete Manuel und drückte ihre Hand in seiner noch fester, „wir sind nicht vollkommen, was Du sagst, gilt auch für mich. Ich versuche immer, meine Fehler zu verstecken, aber im Geheimen sehe ich sie auch. Ich denke daran, dass einer von uns voraussichtlich einmal „übrigbleiben" wird, für wie lange, wissen wir nicht. Bis dahin können wir noch unsere Zeit zum Guten nutzen, damit der, der dann allein sein wird, nicht nur Tränen, sondern auch liebevolle Erinnerungen hat. Bei aller Unvollkommenheit ist es doch so gut, dass wir unseren Weg gemeinsam gegangen sind. Wir sind uns begegnet und sind dankbar dafür."

Die Frage nach Gott war immer mit ihnen gegangen, manchmal verborgen, manchmal schmerzlich aktuell. Sie hatten sich entschieden, Mitglieder der Kirche zu bleiben, obwohl die Starre der Obrigkeit sie immer mehr enttäuschte. Dass Frauen von Rom als minderwertig behandelt wurden, empfanden sie als empörend. Jedoch die Menschen in der Gemeinde, so verschieden sie in ihrem Glauben auch waren, bedeuteten ihnen Gemeinschaft, und zusammen mit ihnen gestalteten sie ein wenig Heimat. Auch die Erhabenheit der liturgischen Riten ließ sie an die Nähe zur Grenze des Absoluten und Transzendenten denken, und sie waren dankbar, noch an diesem geheimnisvollen Leben teilzunehmen. Wenn auch manche Glaubensaussagen fragwürdig geworden waren, so blieb doch eines unangefochten: Das Christentum warb bei den Gläubigen, obwohl es sich selbst in der Geschichte schuldig gemacht hatte, um Menschlichkeit und Liebe, um Einfühlung und Erbarmen, um Güte und Vergebung für die Fehler der Schwachheit. Diese Idee, dieser Glaube, dass das Gute wenigstens im Ansatz zu verwirklichen war, dafür lohnte es sich doch, der Spur der Hoffnung zu folgen, alles zu versuchen, wenigstens im erreichbaren Umfeld Gutes zu tun.

So durften sie noch ihre „Goldene Hochzeit" erleben. Feierlich und ergriffen schritten sie, alt, wie sie nun waren, noch einmal Hand in Hand zum Altar, wie damals vor 50 Jahren, und der Priester umschloss noch einmal ihre ineinanderliegenden Hände mit der Stola. Ihre Kinder, Kindeskinder, Freunde und Weggefährten feierten diesen Tag mit ihnen, und sie waren dankbar für das Leben, das ihnen noch geschenkt war.

Oft dachten sie an die dunkle Tür, durch die sie bald gehen mussten, ohne zu wissen, ob Dunkel oder Licht sie dahinter erwartete. Aber sie versuchten, die Hoffnung zu bewahren, dass es vielleicht doch Licht sein könnte.

AF552102